Hubertus Huber

CATHOLIQUES

SOS

SATAN RÈGNE AU VATICAN

Copyright 2022,
Auteur : Hubertus Huber
Édition : BoD – Books on Demand, info@bod.fr
Impression : BoD – Books on Demand, In de Tarpen 42,
Norderstedt (Allemagne)
Impression à la demande
ISBN : 978-2-3224-1350-8
Dépôt légal : Septembre 2022

Tout pour la plus grande gloire de Dieu

Père éternel, je t'offre le sang précieux de ton Fils bien-aimé, notre Seigneur Jésus-Christ, en expiation de mes péchés et des péchés du monde entier.

Dédié à la très sainte Trinité.

Par les intercessions de la Reine des Cieux et de tous les saints papes,

puissent les ennemis de l'Église être convertis ou éliminés.

L'auteur

Hubertus Huber est né en 1938 à Fribourg-en-Brisgau. Son professeur de religion était le Dr Ernst Föhr, qui devint plus tard vicaire général de l'archevêque Schäufele à Fribourg. Le Dr Föhr expliquait à son élève : "L'Église sera toujours attaquée par Satan.

"Tant que nous parviendrons à éliminer à temps les hérétiques (les non-croyants), la Sainte Eglise ne changera pas. Si elle n'y parvient pas, elle se transformera en secte".

C'est ce que disait le Dr Föhr en 1955, dix ans avant le Concile. On n'a pas réussi à éliminer les hérétiques. Ceux qui, par leur silence, ont couvert les hérétiques et les ont ainsi soutenus, portent une grande responsabilité dans la décadence de l'Eglise.

En 1969, à la sortie de la messe dominicale, pour la première fois à "l'autel du peuple" et avec des instructions pour la communion dans la main, un homme âgé a dit : "C'est une nouvelle république".

Qu'entendez-vous par là, a voulu savoir l'auteur ? Le Seigneur répondit : "Le Christ roi a été renversé. Ses ennemis prennent la tête de l'Eglise. Ils vont ouvrir la porte au mal".

Depuis lors, l'auteur a observé la désintégration de l'Eglise et a tenté de documenter cette évolution.

Table des matières   page

Table des matières   **page**

1. introduction

La destruction de l'Église catholique a été élaborée en détail par Hubertus Huber. Il décrit comment un plan maçonnique parfait a permis d'atteindre cet objectif. "Le pape ne viendra pas à nous, alors nous irons au pape", ont bien compris les francs-maçons. C'est ainsi que commença l'infiltration de l'Église partout où cela était possible.

En 1958, le cardinal Angelo Guiseppe Roncalli, un franc-maçon de haut grade, accéda au siège de Pierre. De profonds changements s'ensuivirent dans l'Église catholique. La succession des apôtres a été interrompue.

En 1965, lors du Concile, 2 400 évêques ont condamné l'enseignement de cinq papes et voté pour la liberté religieuse. Le serment de couronnement des papes, qui a été fidèlement observé par les papes pendant 1300 ans, a été détourné par les acolytes de Satan. Aujourd'hui, il est inconnu. C'est ainsi qu'est née la secte conciliaire, frappée d'interdit.

1968, "la triple nullité de l'ordination épiscopale" (J. Rothkranz), est introduite.

1969, le sacrifice de la messe, institué par le pape saint Pie V, est interdit et remplacé par un mémorial hérétique.

Par une vision du pape Léon XIII, nous savons que Satan dispose d'un pouvoir spécial pour un temps limité. Dès que le temps fixé et le pouvoir prendront fin, Satan subira une grande défaite. "Les forces du bien ne seront pas impuissantes face à cette lutte et, elles aussi, recevront des pouvoirs spéciaux pour pouvoir résister aux attaques du diable et de ses légions".

Les bons doivent être informés de la situation dans l'Église. Sans information, le motif de lutte fait défaut ! Cet ouvrage se veut une contribution à l'information nécessaire. Chaque lecteur peut y contribuer.

2. L'Église est la propriété de l'Éternel

L'Église est la propriété de l'Éternel. Mt. 18.16, "Sur ce roc je bâtirai mon Église". Quelles sont les caractéristiques que le Christ a opposées à son Église ? Le catéchisme du diocèse de Bâle, datant de 1932, enseigne :

N° 99 Le Christ a donné à son Église quatre caractéristiques. Le Seigneur a fait l'Église : unie, sainte, universelle et apostolique.

1) L'Église de Jésus doit être unie : car il a donné à tous les hommes la même doctrine, les mêmes sacrements, le même chef.

2) L'Église de Jésus doit être sainte, car il lui a donné une doctrine sainte et des moyens de rendre saint.

3) L'Église de Jésus doit être universelle ou catholique, car il l'a destinée aux hommes de tous les lieux et de tous les temps.

4) L'Église de Jésus doit être apostolique, c'est-à-dire issue des apôtres, car il a confié le triple ministère aux apôtres, et nul ne peut le posséder s'il ne l'a reçu par un successeur légitime des apôtres.

Une communauté religieuse qui ne possède pas les quatre signes distinctifs ne peut pas être l'Église fondée par le Christ.

L'évêque de Rome est le "successeur dans la foi" et le représentant du Seigneur sur la terre. Le serment de couronnement des papes, datant de 678, régit les obligations des papes. Selon ce serment, toute modification de la doctrine, des rites ou de la tradition, est punie par l'anathème divin".

C'est ainsi que l'Église a évolué pendant plus de 2000 ans, sous la direction du Saint-Esprit. Cela a été une nuisance insupportable pour Satan.

Après une infiltration réussie, la mort du pape Pie XII en 1958 a entraîné la prise de possession de l'Église par les ennemis de Dieu. Le cardinal Roncalli, un franc-maçon de haut rang, s'est emparé du siège de Pierre. Lors du Concile de 1965, 2400 évêques ont condamné l'enseignement du Saint-Esprit et des papes en matière de liberté religieuse. Un schisme est né. Le schisme a été complété en 1968 par la modification de l'ordination des évêques et en 1969 par l'abolition du Missale Romanum et l'introduction du Novus Ordo Missae. La secte conciliaire s'est formée.

L'Église du Seigneur a été occupée par des agents de la franc-maçonnerie. Un usurpateur (dirigeant illégitime) exécute les ordres de la Loge. Les francs-maçons souhaitaient que Satan règne au Vatican (24.6.1917) et c'est ainsi que nous connaissons leur commanditaire.

La prise de contrôle et la trahison de l'Église se sont déroulées sous nos yeux et nous avons gardé le silence à ce sujet. C'est une répétition de ce qui s'est passé à Jérusalem. Ce ne sont pas "les Juifs" qui ont crucifié l'Éternel, mais les Juifs qui voulaient que l'Éternel règne, comme cela nous est rapporté le dimanche des Rameaux. Cela aurait nui à la puissance du Temple. L'Éternel a été crucifié par les prêtres du temple : "Nous avons une loi, et selon cette loi, il doit mourir". Pilate a procédé à la crucifixion pour avoir la paix avec les "savants" du Temple. Les Romains savaient très bien que Jésus de Nazareth ne représentait aucun danger. Les services secrets romains étaient présents à chaque apparition publique du Seigneur. Aujourd'hui, les prêtres crucifient eux aussi l'enseignement du Seigneur et le modifient selon les désirs des francs-maçons.

N'est-il pas temps de mettre fin à cette rébellion contre Dieu, de rendre au Seigneur son bien et de chasser les usurpateurs de l'Église ?

Nous décrivons ici des faits et des réalités. La secte conciliaire existe, le Novus Ordo Missae, NOM, est le rite habituel de la secte conciliaire, etc. etc. Pourtant, ces changements blasphématoires sont portés par des "catholiques pratiquants". Ils forment un rempart autour de cette secte et de ses traîtres. Ils refusent obstinément de s'occuper de la vérité. La confusion satanique est omniprésente. Les connaissances de base de la doctrine catholique font défaut. Il est du devoir de chaque croyant de vérifier la vérité. C'est ce qu'exige le premier commandement. "Tu aimeras l'Éternel ton Dieu". Est-ce de l'amour que de se taire avec indifférence face au pillage de l'Église ?

Nous devons avoir le plus grand respect pour le ministère du vicaire, pour le ministère des évêques et des prêtres.

Témoignons-nous de ce respect lorsque nous permettons que ces fonctions, qui ont été instituées par le Seigneur, soient occupées par des auxiliaires incrédules de la Loge ? Qu'est-ce que le Vatican aujourd'hui ? Un siège de la franc-maçonnerie, des homosexuels, en lien avec la mafia. Extorsion (Emmanuela), corruption, blanchiment d'argent, trafic de drogue, abus d'enfants et de personnes dépendantes, détournement de dons (penny de Saint-Pierre), etc. etc. Dans tout État de droit, ces délits donnent lieu à des poursuites et à des condamnations. Au Vatican, dans l'État du Seigneur, il n'y a pas d'accusation pour de tels délits.

La Mère de Dieu a dit à Veronika Luecken (Google)

La conspiration de l'erreur et de la tromperie se trouve dans le plan de Satan, le dominateur des ténèbres, pour détruire la maison de Mon Fils et pour établir une seule union mondiale, une seule Eglise de Dieu, qui sera impie". (25.7.1974)

En tant que baptisés, nous faisons partie de l'Église du Seigneur et, avec Pierre, nous sommes des successeurs dans la foi. Au cours de l'ordination épiscopale, l'évêque a posé la question aux candidats :

Maudis-tu aussi toute hérésie qui s'élève dans l'Église ?

Kand : Je maudis, ont promis les candidats. C'était la seule façon pour l'Église de préserver la foi. C'est exactement ce que Dieu demande dans le serment de couronnement des papes. Nous aussi, nous devons aujourd'hui maudire les infidèles et en libérer l'Église. Il est de notre devoir de lutter pour la foi et de maudire les auxiliaires infidèles de la Loge. Nous devons revenir à "l'ordre tridentin".

Le retour de l'Église au Seigneur n'est possible que si les croyants reconnaissent que l'Église est en fait entre les mains des ennemis de Dieu. Pour dissimuler cela, le serment de couronnement des papes a été détourné. Aucune université n'enseigne à son sujet, aucun évêque ne le connaît. Les croyants doivent le savoir.

3. Quelle mission l'Éternel a-t-il donnée aux apôtres ?

Jésus de Nazareth a envoyé ses apôtres et ses disciples pour annoncer la Bonne Nouvelle. Les Juifs devaient savoir que Jésus de Nazareth était le Messie attendu. Depuis la chute d'Adam et Eve, l'accès au ciel était fermé. Les justes décédés attendaient avec impatience dans les limbes le jour de leur libération. Le Messie devait libérer les justes des limbes où ils étaient prisonniers depuis la chute d'Adam et Ève. C'était la Bonne Nouvelle que le Seigneur annonçait aux Juifs avec puissance et de nombreux miracles. Aujourd'hui, l'Évangile est appelé "bonne nouvelle". Une grande erreur de la part des théologiens. La Bonne Nouvelle est la nouvelle de la naissance du Messie. L'Évangile est l'enseignement de Jésus de Nazareth. La Bonne Nouvelle et l'Évangile sont deux choses totalement différentes qui ne doivent pas être mélangées.

Et maintenant, l'enseignement de Jésus de Nazareth : Mat. 28 : 19-20 "Allez donc enseigner toutes les nations, les baptisant au nom du Père, du Fils et du Saint-Esprit, et leur apprenant à observer tout ce que je vous ai prescrit. Et voici, je suis avec vous tous les jours jusqu'à la fin du monde".

Qu'a ordonné le Seigneur à ses apôtres et à leurs successeurs ? "Suivez-moi dans tout ce que j'ai fait". Qu'est-ce que l'Éternel a dit de lui-même ? "Je suis amour et miséricorde, je suis sans péché, j'accomplis la volonté du Père, je suis dans le Père et le Père est en moi, moi et le Père sommes un, mon royaume n'est pas de ce monde". L'enseignement du Christ doit donc être proclamé avec amour.

Mat. 22:37 "Tu aimeras l'Éternel ton Dieu de tout ton cœur, de toute ton âme et de toute ta pensée". C'est le plus grand et le premier commandement. Mat. 22:39 "Tu aimeras ton prochain comme toi-même".

Beaucoup de gens pensent : comment puis-je aimer quelqu'un que je ne connais pas ? Tout naturellement, nous aimons nos parents, et d'une manière particulière notre mère qui nous a mis au monde. Notre Père céleste a fait don à chaque être humain d'une âme immortelle. Lorsque notre corps meurt et se décompose, notre âme continue à vivre. C'est à nous de décider comment et où elle continuera à vivre.

Celui qui voit le monde doit aimer le Créateur. Tout ce qui a été créé l'a été par Dieu. L'évolution fait partie de cette merveilleuse création.

Les apôtres et leurs successeurs ont reçu l'ordre de transmettre l'enseignement divin sans le modifier. Les apôtres doivent s'efforcer de devenir semblables au Seigneur. Ce n'est qu'ainsi que l'Église pourra s'imposer contre le mal.

Il a été demandé aux successeurs des apôtres de ne rien ajouter ni retrancher à l'enseignement du Seigneur. Comme cela est également enseigné dogmatiquement dans Vatican I. L'enseignement divin est parfait comme Dieu et ne doit donc pas être modifié.

Mat. 10:14-15 : "Et si l'on ne vous reçoit pas et si l'on n'écoute pas vos paroles, quittez cette maison et cette ville, et secouez la poussière de vos pieds. Je vous le dis en vérité, au jour du jugement, le pays de Sodome et de Gomorrhe sera plus heureux que cette ville-là". L'enseignement de l'Éternel exclut tout autre enseignement. Les papes ont toujours condamné la liberté religieuse comme une hérésie condamnable. Elle ne peut donc pas non plus être enseignée par son Église.

En vertu du libre arbitre, chaque personne peut se tourner vers la religion de son choix. Mais ce n'est pas la volonté de Dieu.

Le Seigneur n'a pas non plus donné à ses apôtres l'ordre de faire de l'œcuménisme. Faites ce que j'ai fait. Il n'a jamais discuté de son enseignement avec les juifs. Ses successeurs n'ont pas non plus pour mission de discuter de l'enseignement divin du Seigneur avec des catholiques apostats ou d'autres sectes chrétiennes.

Pour notre âme immortelle, il y a deux options :

Le paradis. "Ce que l'œil n'a point vu, ce que l'oreille n'a point entendu, ce qui n'est point entré dans le cœur de l'homme, tout ce que Dieu a préparé pour ceux qui l'aiment". Corinthiens I. 2:9.

L'enfer. "Si vous aviez la moindre idée de ce qui se passe chez nous, vous vous agenouilleriez jour et nuit devant le tabernacle".

Nous avons la liberté de choisir notre chemin.

L'Éternel n'a pas appelé une femme à être prêtre ; celui qui aime l'Éternel respectera aussi sa volonté. La Mère de Dieu était en tout point supérieure aux apôtres. "L'Éternel me possédait au commencement de ses voies, dès le commencement [...]" (Pr.8 : 22-35). Le livre de la sagesse parle ici de la Vierge : cela vaut la peine d'y réfléchir. La volonté de Dieu devrait être sacrée pour tous les hommes.

Pour le Seigneur, il s'agissait toujours de sauver les âmes immortelles, de guérir les malades et de soutenir les pauvres. Jamais pour le pouvoir temporel.

4. Quelle est la mission du pape ?

Mat : 16,18, Mais moi je te dis : Tu es Pierre, et sur cette pierre je bâtirai mon Église, et les portes du monde souterrain ne prévaudront pas contre elle. L'Église n'est pas submergée si une partie est dominée par Satan. Tant que Satan agit, il y aura toujours des traîtres. Leur nombre est aujourd'hui effroyablement élevé.

Il s'agit de l'Église de Dieu, que Dieu a construite sur le "rocher /Petri". Dieu en est le propriétaire et le législateur. Quelle était la fonction de l'apôtre Pierre ? Dans le volume XII "L'Homme-Dieu", page 260, la Vierge dit :

"Celui qui me révèle toutes choses ne m'a pas fait connaître autre chose que le fait que tu (Pierre) es son digne successeur dans la foi".

Tous les successeurs de Pierre doivent également être de dignes successeurs dans la foi. Le "successeur dans la foi" est un dépositaire et ne changera jamais la doctrine de sa propre initiative.

Le catéchisme pour le diocèse de Bâle, datant de 1932, enseigne :

N° 86 : C'est pour faire bénéficier tous les hommes de son enseignement et de ses grâces que Jésus a fondé l'Église.

N° 90 Le Christ a également désigné un chef pour son Église, à savoir saint Pierre. Le Christ reste toujours le chef invisible de l'Église, comme l'écrit saint Paul. Il est la tête du corps de l'Église (Col.18). Pour maintenir l'ordre, chaque famille et chaque royaume a encore besoin d'un chef visible ou d'une autorité supérieure, bien que Dieu soit l'Éternel et le chef de tout. Un chef visible était d'autant plus nécessaire pour l'Église, qui est destinée au monde entier.

N° 95 Pour que l'Église remplisse sa mission en toute sécurité, le Christ lui a promis son assistance et lui a envoyé le Saint-Esprit.

N° 96 Le Saint-Esprit rend l'Église infaillible dans les doctrines de la foi et de la morale. Quand cet Esprit de vérité viendra, il vous enseignera toute la vérité (Jean 16.13) Le Sauveur a déclaré : "Celui qui ne croira pas sera condamné (Matthieu 16.16) et encore : "Que celui qui n'écoute pas l'Église soit pour toi comme un païen et un pécheur public". (Math. 18.17.)

Le pape doit veiller à ce que le dépôt de la foi transmise soit également transmis de manière appropriée par ses évêques, ses prêtres et ses professeurs.

En tant que juge suprême, il est responsable du droit canonique. Il doit veiller à ce qu'aucune hérésie ne soit introduite dans l'Église. Il doit mettre immédiatement hors d'état de nuire les faux enseignants.

Afin de préserver la pureté de la foi, les papes signent ou promettent, depuis l'an 678, le serment de couronnement des papes.

Le cardinal Roncalli en 1958 et le cardinal Montini en 1963 ont encore prononcé le serment de couronnement et se sont ainsi mis en interdit. La succession à saint Pierre était ainsi interrompue. Le serment de couronnement a été détourné et le signe visible du serment de couronnement, la tiare, a également été éliminé en 1963 par Paul VI. Rien ne devait rappeler le serment du couronnement, les obligations et les peines qui y étaient liées.

L'auteur ne connaissait pas non plus le serment de couronnement, jusqu'à ce qu'il le découvre par un heureux hasard, en janvier 2022. Adepte du Missel romain, il n'assistait qu'à la messe en latin. Or, si la messe en latin est dite par une secte, il n'est pas permis d'assister à de tels offices.

Que dit "Kathpedia" à propos du serment de couronnement ?

"Le serment lors du couronnement du pape remonte aux premiers siècles. Celui-ci est consigné dans le Liber diurnus pontificum de l'année 678 du saint pape Paschalis Ier. Depuis 1302, il n'a plus été juré par écrit. Jusqu'à Jean-Paul Ier, ce serment était prêté par les papes. Dans ce serment, le nouveau pontife affirme qu'il ne s'écarte pas de la tradition des papes qui l'ont précédé. A la fin de la formule, il prononce un anathème, même sur lui-même, en ces termes : "si quelqu'un, que ce soit Nous-même ou un autre, s'avise de vouloir changer cette tradition qui plaît à Dieu, Nous le mettons en interdit"[2] (Kathpedia).

Et c'est ainsi que les papes promettent dans leur serment de couronnement :

"Je promets, de ne rien diminuer, de ne rien changer à la tradition, à ce que j'ai trouvé conservé par mes pieux prédécesseurs, ni d'y permettre aucune innovation ; mais plutôt, avec un ardent dévouement, en tant que leur disciple et successeur vraiment fidèle, de conserver respectueusement, de toutes mes forces et de tous mes efforts, le bien transmis. Je m'efforcerai de purifier tout ce qui pourrait apparaître en contradiction avec l'ordre canonique ; je garderai les saints canons et les ordonnances de nos papes comme des ordres divins du ciel, conscient de devoir rendre un compte rigoureux de tout ce que je confesserai au tribunal divin, à Toi dont j'occupe la place par la grâce divine, dont j'assume la suppléance avec Ton appui.

Si j'entreprends ou si je permets que l'on entreprenne quoi que ce soit dans un autre sens, Tu ne me feras pas grâce en ce jour terrible du jugement divin.

C'est pourquoi Nous soumettons également à l'exclusion de l'interdit sévère quiconque oserait - que ce soit Nous-même ou un autre - entreprendre quoi que ce soit de nouveau en contradiction avec ces traditions évangéliques ainsi constituées et la pureté de la foi orthodoxe et de la religion chrétienne, ou chercherait par ses efforts adverses à changer quoi que ce soit ou à détourner de la pureté de la foi, ou à approuver ceux qui entreprennent une telle aventure blasphématoire".

Pendant 1300 ans, les papes et les évêques ont respecté ce décret divin. Cela a changé avec le Concile. Le 7 décembre 1965, 2400 évêques, sur un total de 2470 évêques, ont condamné l'enseignement de cinq papes et du Saint-Esprit et ont voté pour la liberté religieuse. Il s'agissait d'une hérésie formelle et 2.400 évêques et le serment de couronnement furent frappés d'anathème. Les évêques par Dieu, le serment de couronnement par Satan. Les évêques restèrent visibles, le serment de couronnement fut supprimé de tous les cours et est aujourd'hui, chez les théologiens, inconnu.

Satan a pris la direction de la secte conciliaire qui s'est formée. Le siège de Pierre n'est pas vacant, les assistants de Satan y ont pris place.

L'affirmation selon laquelle "le serment de couronnement provient en effet d'un pape et non de Jésus-Christ" est une erreur.

Un pape légitime agit sur ordre de Jésus-Christ. "Ce que tu lieras sur la terre sera lié dans les cieux". Le pape a promulgué le serment de couronnement par ordre de Jésus-Christ, avec la coopération du Saint-Esprit. C'est l'enseignement catholique. Le serment de couronnement vient de l'Éternel, par l'intermédiaire du pape, et est donc un document divin.

On prétend en outre que "ce que les papes ont édicté une fois peut être modifié par l'action du Saint-Esprit, à une époque ultérieure, par un pape". Cela aussi est une erreur.

Celui qui pense et enseigne ainsi a une fausse idée de Dieu. Il commet probablement le péché d'être contre le Saint-Esprit. Dieu est éternel, omnipotent et omniscient. Il ne change donc jamais son enseignement et ses missions. Tout théologien devrait le savoir.

Le serment de couronnement est donc un accord clair entre DIEU et son représentant respectif. Le représentant agit au nom de DIEU. Son anathème est prononcé au nom de l'Éternel. La malédiction de DIEU frappe tous ceux qui planifient des modifications de la doctrine, des rites ou de la tradition, les mettent en œuvre ou approuvent ces modifications par leur silence. La secte conciliaire et ses alliés ont détourné cet ordre divin et l'ont effacé de tous les manuels de formation sacerdotale. Un document divin de l'Eglise peut être supprimé "à court terme", mais les ordres et les sanctions divins restent toujours valables. Le pape promet:

"de garder les saints canons et les ordonnances de nos papes comme des ordres divins du ciel" et de poursuivre :

"C'est pourquoi Nous soumettons à l'exclusion de l'anathème sévère quiconque oserait changer quoi que ce soit sur le site ......, ou détourner de la pureté de la foi, ou encore approuver ceux qui se risqueraient à de tels blasphèmes".

Le serment de couronnement des papes, le Missel romain, l'ordination des évêques, le droit canon, etc. etc. doivent être gardés comme des ordres divins du ciel. Avec et après le Concile, les traîtres ont réalisé les souhaits des francs-maçons et ont trahi et modifié les ordres divins.

Le serment de couronnement a été sévèrement banni :

1. la secte conciliaire

2. la Fraternité Sacerdotale Saint-Pierre

3. la Fraternité sacerdotale Saint-Pie X.

4. les prêtres, moines et moniales qui rendent hommage à la secte conciliaire.

Tous ont approuvé les modifications blasphématoires et ont participé activement ou passivement au détournement du serment de couronnement. En tant que secte, elles se situent en dehors de l'Église catholique. Telle est la volonté de Dieu.

Can. 1331 § 1 Il est interdit à l'excommunié :

1. tout service lors de la célébration du sacrifice eucharistique ou de toute autre célébration liturgique ;

2. d'administrer des sacrements ou des sacramentaux et de recevoir des sacrements ;

3. d'exercer toute fonction, tout service ou toute tâche ecclésiastique, ou d'accomplir des actes de gouvernement.

Un catholique peut-il accomplir son devoir dominical s'il assiste à l'office d'une secte frappée d'anathème ?

Non, certainement pas. L'acte est illicite.

Le dimanche, priez un psautier et offrez au Père le précieux sang de son Fils bien-aimé, pour la conversion des pécheurs et pour que Dieu nous fasse la grâce de rendre inoffensif le poison du péché originel.

Beaucoup seront surpris d'apprendre que l'archevêque Lefebvre et sa Fraternité sacerdotale Saint-Pie X sont également frappés d'anathème. Est-ce possible ? Examinons cela calmement et à la lumière de la vérité. Il y a tout d'abord le vote sur la liberté religieuse, le 7.12.1965. Mgr Lefebvre a lui aussi condamné l'enseignement de 5 papes et celui du Saint-Esprit et a voté contre l'enseignement divin des papes. Il s'agissait d'une hérésie formelle. La peine encourue était l'excommunication. Canon 1364 §1.

La Fraternité sacerdotale Saint-Pie X a-t-elle adopté le missel, du pape Pie V, Quo primum, comme on l'a toujours prétendu ? "On dit l'ancienne messe !" Non, on a repris le missel de 1962, qui avait déjà subi les premières modifications de Jean XXIII, un franc-maçon.

Le pape Pie V n'a pas désigné de maître de cérémonie à l'autel pour indiquer au prêtre où trouver le texte dans le missel et lui faire tourner les pages. Satan est très inventif lorsqu'il s'agit de distraire le prêtre à l'autel.

Celui qui croit que les prières léonines trouvent plus d'écho auprès de Dieu en latin, se trompe. Le Seigneur aime les prières des enfants et celles qui viennent du cœur. C'est du cœur que les gens parlent dans leur langue maternelle. Le latin est la langue de l'Église. Ce n'est pas la langue des croyants. Pour le Seigneur, c'est un babillage qui ne vient pas du cœur. Satan souhaite que toutes les prières soient supprimées ou que les croyants les babillent en latin. Les deux lui plaisent.

Le changement dans le "PERE NOTRE" ne vient pas du Saint-Esprit. Le "que ton règne vienne à nous" est devenu "que ton règne vienne à nous". C'est un non-sens. Satan connaît la raison de ce changement.

L'archevêque Lefebvre ne voulait personne dans sa communauté qui ne reconnaisse pas le repas du Seigneur de la secte conciliaire comme un "sacrifice de messe valable". Econ.8.11.1979

Selon le mandat divin, inscrit dans le serment de couronnement des papes, tombe sous le coup d'un anathème celui qui oserait... changer quoi que ce soit ou détourner de la pureté de la foi, ou approuver ceux qui entreprennent une telle aventure blasphématoire. Dans toutes ces paroles, l'Esprit Saint est présent. Mgr Lefebvre et la Fraternité sacerdotale Saint-Pie X n'ont pas seulement approuvé les changements blasphématoires, ils ont également détourné le serment de couronnement nécessaire au maintien de la foi catholique.

Dans l'exercice de son ministère, le pape légitime est conseillé par le Saint-Esprit. Les papes se sont préparés aux attaques des ennemis. Sous la direction de l'Esprit Saint, le droit canonique a notamment intégré ce qui suit:

Canon 1374 : "Quiconque s'associe à une association qui manigance contre l'Église sera puni d'une juste peine ; mais quiconque encourage ou dirige une telle association sera puni de l'interdict".

Et :

Canon 1364 § 1 : "L'apostat, l'hérétique ou le schismatique encourent l'excommunication comme peine de fait". Il n'y a pas besoin d'un tribunal, d'une accusation, le coupable s'attire lui-même la peine de l'excommunication".

C'était très judicieux et nécessaire, mais la secte conciliaire n'en a pas tenu compte.

Qui peut être élu pape ?

Tout homme catholique célibataire et baptisé peut être élu à la tête de l'Eglise catholique romaine. Saint François de Sales a complété cette condition en disant qu'il doit être chrétien et membre de l'Église. Celui qui est excommunié ou frappé d'anathème n'est ni chrétien ni membre de l'Église. C'est ce que prévoit le droit canonique. Comme nous le verrons dans la suite de cet ouvrage, tous les papes, après le pape Pie XII, étaient soit des francs-maçons, soit des instruments des francs-maçons. Ils ne pouvaient donc pas, selon le droit canon et le serment de couronnement, être pape. Cela est et était connu de tous les cardinaux et évêques, mais les auxiliaires de la Loge n'en tiennent pas compte. Par leur silence, ils approuvent les hérésies et les changements, attirant ainsi sur eux la malédiction divine des papes. Depuis 1858, il n'y a plus de vicaire légitime sur le siège de Pierre. Le pouvoir de juridiction, qui revient au seul pape, est depuis lors suspendu. (Appel de cardinaux)

Le Seigneur dit dans son livre "L'Homme-Dieu", tome XII, page 182 :

"En vérité, je vous le dis, à cause des péchés du Temple, cette nation (les Juifs) sera dispersée. Mais de même, je vous le dis en vérité, la terre aussi sera détruite lorsque l'abomination de la désolation pénétrera dans la nouvelle prêtrise et entraînera les gens dans l'apostasie, qui se tourneront alors vers les doctrines de l'enfer. Alors le fils de Satan se lèvera et les nations trembleront d'une terreur terrible. Seuls quelques-uns resteront fidèles à l'Éternel".

C'est une description pertinente de notre époque. Essayons de rester fidèles à l'Éternel.

L'infiltration de l'Église par les francs-maçons a commencé juste après la Révolution française.

Dans sa bulle du 28 avril 1734, le pape Clément XII condamne la franc-maçonnerie. Dans son exhortatio (exhortation), il avertit de ne pas coopérer secrètement ou indirectement avec ces groupes. Après le pape Clément XII, il y eut 19 autres actes juridiques pontificaux et déclarations (ordres divins du ciel) de l'Église catholique contre la franc-maçonnerie et tout contact pour les aider ou les approvisionner était interdit. Les interdictions et les sanctions de l'Église sont claires.

Vatican I souhaitait un droit canon unifié. En 1904, le pape saint Pie X a institué la "Commission pontificale de codification du droit canonique". En 1917, le "Codex Juri Canonici" CIC, créé par le pape Benoît XV, a été promulgué le 27 mai et est toujours en vigueur aujourd'hui. Seul un pape légitime peut y apporter des modifications. Tous les catholiques baptisés sont soumis à ce code.

De nombreux théologiens rejettent l'idée que le pape puisse "trébucher" et se réfèrent à la promesse du Christ à Pierre, Lc. 22:32, "J'ai prié pour toi, afin que ta foi ne défaille pas ; et toi, quand tu seras retourné, affermis tes frères". Déduire de cette prière du Seigneur, Lc.22:32, une "promesse divine" qui protégerait les papes de toute erreur ne s'inscrit pas dans le plan de création de Dieu. Le libre arbitre de l'homme n'est jamais entamé par Dieu. Nous savons que le Seigneur et la Mère de Dieu ont beaucoup prié pour les apôtres. Ils ont particulièrement prié pour Judas. La prière divine ne veut jamais éliminer le libre arbitre de l'homme. Par sa prière, le Seigneur ne voulait pas empêcher la trahison de Judas. Il voulait que Judas se repente de son acte et sauve ainsi son âme.

Aujourd'hui encore, le Père miséricordieux espère la conversion et le repentir des papes, évêques et prêtres excommuniés de la secte conciliaire. Ils peuvent revenir à l'ordre tridentin et transformer les ordres du Grand Maître, en interdictions. Le PÈRE attend tous les pécheurs repentants à bras ouverts.

Le Christ a parlé à Judas le traître, et ces paroles sont encore valables aujourd'hui :

"Mais je te le dis, tout homme peut pécher, car Dieu seul est parfait. Mais l'homme peut aussi se repentir. Et s'il se repent, sa force d'âme grandit, et Dieu augmente sa grâce à cause du repentir. Le Dieu tout-puissant n'a-t-il pas aussi pardonné à David ?".

5. Le sacerdoce et le saint sacrifice de la messe

Le sacerdoce se compose des évêques, successeurs directs des apôtres, et des prêtres ordonnés par les évêques. En tant que serviteurs obéissants de l'Église, ils sont également tenus de prêter le serment de couronnement des papes. Les évêques et les prêtres peuvent offrir le saint sacrifice de la messe en sacrifice expiatoire, en louange et en action de grâce au Père céleste. Les évêques et les prêtres ont le pouvoir de transformer le pain et le vin en corps et en sang de notre Seigneur Jésus-Christ. Mais pour cela, il faut une consécration approuvée par l'Église catholique. Les pasteurs chrétiens ne peuvent que célébrer un culte, ils ne peuvent pas procéder à une consécration, c'est-à-dire à la transformation du pain et du vin en corps et en sang de Jésus-Christ. La présence réelle du Seigneur n'existe que dans son Église. D'innombrables preuves en témoignent.

Jésus parle des prêtres : (L'HOMME DE DIEU Vie et souffrances de notre Seigneur Jésus-Christ Volume XII, page 187) "Moi, prêtre et victime, je me suis offert et consumé moi-même, car nul autre, si je ne l'avais voulu, n'aurait pu m'offrir. Vous, mes prêtres, vous ferez cela en mémoire de moi, afin que les trésors inépuisables de mon sacrifice montent vers Dieu en suppliant et descendent en bienfaisant sur ceux qui les demandent avec une foi ferme".

"Avec une foi ferme, dis-je. Aucune science n'est nécessaire pour avoir part à la nourriture et au sacrifice eucharistiques. Seulement la foi ! La foi dans le fait que le pain et le vin que quelqu'un, autorisé par moi ou par ceux qui viendront après moi, vous bénit, vous, Pierre, nouveau pontife de la nouvelle Église, vous, Jacques d'Alphée, vous, Jean, vous, André, vous, Simon, vous, Philippe, vous, Bartholomée, vous, Thomas, vous, Judas Thaddée, vous, Matthieu, vous, Jacques le Zébédée--- en mon nom, sont mon vrai corps et mon vrai sang ; que celui qui les reçoit en nourriture et en boisson me reçoit avec la chair et le sang, l'âme et la divinité ; que celui qui m'offre en sacrifice offre vraiment Jésus-Christ, comme il s'est offert en sacrifice pour les pécheurs du monde.

Un enfant ou un ignorant peut me recevoir aussi bien qu'un savant ou un adulte. Et un enfant et un ignorant tireront le même bénéfice du sacrifice offert que chacun d'entre vous. Il suffit qu'ils croient et qu'ils possèdent la grâce du Seigneur".

Christ l'Éternel dit qu'il s'est offert lui-même et demande à ses prêtres de faire ce (sacrifice) en mémoire de lui, afin que les trésors inépuisables de mon sacrifice montent vers Dieu en suppliant et descendent en faisant du bien à ceux qui le demandent avec une foi ferme. Les paroles de l'Éternel permettent de dissiper certains malentendus.

1) Les prêtres sont invités à offrir le sacrifice (non sanglant) avec le Christ, le Père, encore et encore, afin que les trésors inépuisables du sacrifice s'élèvent en supplication vers Dieu et descendent en bienveillance sur ceux qui le demandent avec une foi ferme. Avec "Christ", le prêtre offre au Père le sacrifice expiatoire pour les pécheurs. Le prêtre est toujours accompagné à l'autel par le Seigneur et la Mère de Dieu, comme l'enseigne la tradition et comme l'ont vu et décrit de nombreux mystiques. Insupportable pour Satan. Le Novus Ordo Missae célèbre le souvenir de la mort, de la résurrection et de l'ascension et omet le sacrifice. Un chef-d'œuvre de tromperie satanique. Les trésors inépuisables du sacrifice de notre Rédempteur ne sont pas touchés ici. Les portes de la grâce ne sont pas ouvertes par le mémorial. Pour Satan, c'est un triomphe.

2) Les trésors inépuisables du sacrifice suffisent à tous les pécheurs qui se repentent.

3) Sans foi ni supplication, pas de participation au sacrifice de l'Éternel.

4) Le sacrifice de l'Éternel n'a pas déclenché d'automatisme pour tous les pécheurs. Sans foi ni supplication, pas de grâce.

5) L'Éternel n'est pas mort pour tous les pécheurs, mais, comme il le dit lui-même, uniquement pour les justes jusqu'à sa mort. Ne sommes-nous pas tous sauvés par le sacrifice de notre Seigneur sur la croix ? C'est ce que les apôtres voulaient déjà savoir. La réponse est donnée par le Seigneur dans "L'HOMME DE DIEU", volume XII, page 175,

Les apôtres : "Mais tu as bien rendu la grâce (de la rédemption) aux hommes ? Le Seigneur : "Non, elle a été rendue aux justes jusqu'à ma mort". Pour la restituer aux hommes futurs, il faut un moyen qui ne sera pas seulement un rituel, mais qui fera véritablement de tous ceux qui le recevront des enfants de Dieu. Tout comme Adam et Eve, dont les âmes animées par la grâce possédaient des grâces sublimes que Dieu avait accordées à ses créatures bien-aimées. Maintenant, grâce à mon sacrifice, les portes de la grâce sont de nouveau ouvertes, et le fleuve de la grâce peut se déverser sur tous ceux qui le demandent par amour pour moi". Et à la page 166 : "J'ai pu ouvrir les portes des limbes pour en faire sortir les justes, et les portes du purgatoire pour libérer les pauvres âmes. Mais le lieu de l'horreur est resté fermé sur lui. (Judas) Pour lui, ma mort a été vaine".

Par le sacrifice de la croix, l'Éternel n'a racheté que les justes qui sont morts avant sa mort. Pour les justes à venir, un "rituel" et un prêtre sont nécessaires. L'Éternel parle ici du sacrifice de la messe. Sans le sacrifice de la messe, même les plus justes n'iront pas au ciel. Selon les paroles de l'Éternel, il s'agit de deux œuvres de rédemption.

1) Les justes des limbes ont été rachetés par le sacrifice de la croix.

2) Les futurs justes sont rachetés par le sacrifice de la messe du prêtre. Le prêtre offre au PÈRE, les mérites du sacrifice de la croix.

L'Éternel a dit, tome XII, page 175 : "Je serais un rédempteur imprudent si, après vous avoir tant donné pour vous racheter, je ne vous donnais pas aussi les moyens de conserver les fruits de mon sacrifice".

Sans le sacrifice de la messe, le ciel est à nouveau fermé. On comprend maintenant pourquoi Satan veut détruire le sacrifice de la messe et le sacerdoce. Le catéchisme est muet sur cet enseignement du Seigneur. Est-il tombé dans l'oubli ? Apparemment pas tout à fait, car le Concile de Trente enseigne dogmatiquement en ce sens :

"Quiconque dit qu'à la messe on n'offre pas à Dieu un vrai et véritable sacrifice, ou que l'acte sacrificiel n'est rien d'autre que le Christ nous soit donné en nourriture, qu'il soit frappé d'anathème (exclusion de l'Église)".

Seul le sacrifice de la messe du prêtre validement ordonné maintient ouvertes les portes de la grâce. Le Seigneur lui-même a institué le sacerdoce et le rite du sacrifice de la messe il y a 2000 ans. Après les troubles de la Réforme, le saint sacrifice de la messe a été unifié par le pape Pie V. L'invention de l'imprimerie a permis d'introduire des missels uniformes dans le monde entier.

Par la bulle "Quo primum" du 17 juillet 1570, le pape Pie V a institué le Missel romain de manière uniforme et irrévocable pour l'Eglise. Extrait : "Les prêtres en particulier doivent y reconnaître les prières qu'ils doivent désormais utiliser pour la célébration de la messe, ainsi que les rites et les cérémonies qu'ils doivent y observer. Mais afin que tous saisissent et observent partout ce qui leur a été transmis par la Sainte Église romaine, mère et maîtresse des autres Églises, Nous établissons par la présente Notre Constitution, valable à perpétuité, sous peine d'une sanction de Notre part, et ordonnons : à l'avenir, dans tous les temps à venir, sur la terre chrétienne, dans toutes les églises patriarcales, cathédrales, collégiales et paroisses, dans toutes les églises ou chapelles séculières, monastiques - quel que soit leur ordre et leur règle, qu'il s'agisse de monastères d'hommes ou de femmes - militaires ou non, dans lesquelles la messe du couvent est ou devrait être célébrée à haute voix avec chœur ou en silence selon le rite de l'Église romaine, il ne sera pas chanté ou lu autrement que selon le missel que Nous avons publié, même si ces églises bénéficient de quelques exceptions, sont privilégiées par un indult du Siège Apostolique, par la coutume ou un privilège, voire par un serment ou une confirmation apostolique ou toute autre particularité - à moins que, dès leur érection approuvée par le Siège Apostolique ou par tradition, elles n'aient observé sans interruption dans ces mêmes églises un rite d'au moins deux cents ans pour la célébration de la messe" Et encore : "De même, Nous établissons et déclarons : Aucun supérieur, administrateur, chanoine, chapelain ou autre prêtre séculier, ni aucun moine de quelque ordre que ce soit, ne peut être contraint de célébrer la messe autrement que comme Nous l'avons établi, ni être forcé ou incité par qui que ce soit à modifier ce missel, et la présente lettre ne peut jamais être révoquée ou modifiée, mais elle reste à jamais en vigueur dans toute son étendue. Mais si quelqu'un s'avisait d'y toucher, qu'il sache qu'il encourrait la colère du Dieu Tout-Puissant et de ses saints apôtres Pierre et Paul".

Pendant 2000 ans, le sacrifice de la messe institué par l'Éternel a été le tourment et l'humiliation de l'enfer. Le saint sacrifice de la messe de l'Église catholique correspond à la volonté de Dieu. Ce n'est qu'avec lui que nous pouvons accomplir notre devoir dominical.

Pourquoi le Novus Ordo Missae est-il hérétique ?

Le Novus Ordo Missae, NOM, est hérétique parce qu'aucun sacrifice n'est offert à DIEU en expiation de nos péchés, comme le prescrivent le Concile de Trente et le Saint-Esprit. Le Novus Ordo Missae est une célébration mémorielle "inventée" par les francs-maçons pour détruire les grâces du sacrifice de la messe et se concilier Satan. "Nous proclamons ta mort, Seigneur, nous louons ta résurrection, jusqu'à ce que tu viennes dans la gloire". Avec cette intention (opinion), aucun véritable sacrifice n'est expressément offert à DIEU. Une parfaite tromperie satanique des croyants. L'exclusion de l'Église en est la conséquence.

Nous voulons ici rappeler une fois de plus l'enseignement dogmatique de Vatican I :

"Car, aux successeurs de Pierre, le SAINT-ESPRIT n'a pas été promis pour qu'ils annoncent de nouvelles doctrines sous son inspiration. Leur tâche consiste plutôt à garder scrupuleusement et à interpréter fidèlement la révélation transmise par les apôtres ou le dépôt de la foi qui leur a été confié, avec l'assistance du SAINT-ESPRIT.

Aucun successeur de Pierre n'aurait osé modifier le Missel romain. La modification a été ordonnée et exécutée par des "faux papes" maçonniques incrédules. La malédiction du serment de couronnement frappe tous ceux qui ordonnent des changements ou les approuvent. L'Église catholique est ainsi tombée à un petit nombre de fidèles, la secte conciliaire s'est développée en conséquence.

De nombreux saints ont voulu savoir de l'Éternel ce qu'ils pouvaient faire pour expier les offenses que les hommes lui ont infligées et continuent de lui infliger. La réponse du Seigneur : "Offre mes mérites à mon Père éternel". Nous pouvons ainsi prier :

"Père éternel, je t'offre le corps et le sang, l'âme et la divinité, de ton Fils bien-aimé, notre Seigneur Jésus-Christ, en expiation de mes péchés et des péchés du monde entier, et nous délivre du poison du péché originel. Et on peut compléter :

"Père céleste, je te prie d'accepter aussi le sacrifice de ton Fils, à chaque battement de mon cœur, comme un sacrifice expiatoire perpétuel, pour la conversion des pécheurs, pour le salut des mourants, pour la délivrance des pauvres âmes du purgatoire, pour la sanctification des prêtres, pour les religieux et les familles, et de bannir, en enfer, Satan et tous les esprits mauvais".

Cette prière devrait être récitée plusieurs fois par jour et être ainsi toujours présente dans notre subconscient. Tout particulièrement la nuit.

L'Éternel souhaite : "Offre mes mérites à mon Père éternel". C'est en ce sens que l'Éternel a institué le sacrifice de la messe il y a 2000 ans. En 1969, les fils des ténèbres ont interdit le sacrifice de la messe et introduit le mémorial, le NOM. François a maintenant renouvelé cette interdiction. Veuillez comprendre qui dirige ici, ce n'est pas le Saint-Esprit, et c'est pourquoi nous évitons tout contact avec la secte conciliaire. Celui qui rend hommage à François, rend hommage à toutes les hérésies qu'il représente. Après le serment de couronnement, c'est un consentement qui est puni par l'anathème divin.

Exhortation apostolique du pape Pie XII aux évêques du monde, 11.2.1949

"Nous avons dans le saint sacrifice de la messe l'offrande la plus précieuse du précieux sang de Jésus-Christ. Tout hommage et tout exercice religieux s'effacent devant le sacrifice eucharistique, qui prolonge de manière non sanglante l'immolation sanglante du Christ sur la croix et en dirige les fruits de salut les plus abondants vers les hommes. Le Père céleste et éternel est honoré, pardonné et réconcilié par le sang précieux de l'Agneau sans tache, dont la voix est plus efficace que celle de l'innocent Abel, de tous les justes et de tous les martyrs, car il possède une dignité et une puissance infinies. En tant que véritable victime expiatoire, elle est offerte "pour les péchés, les satisfactions et les autres besoins" (Concile de Trente). C'est un moyen puissant d'éveiller le zèle religieux et d'opposer une digue et un remède aux agissements sacrilèges des ennemis de Dieu de notre temps. Il nous procure la paix et la réconciliation, et nous offre de manière inépuisable tout don céleste.

Si donc la négation et la haine de Dieu sont une faute monstrueuse qui défigure le siècle présent et qui lui fait craindre, non sans raison, des châtiments effrayants, nous pouvons, par le bain du sang du Christ, qui contient le calice de la nouvelle alliance, réparer l'effroyable outrage, en effacer les conséquences pour les coupables, une fois le pardon obtenu, et préparer à l'Église un glorieux triomphe".

6 Présence réelle, miracles eucharistiques dans le monde entier

Nier la présence réelle n'est pas possible. Il y a trop de miracles eucharistiques dans le monde pour cela. Par la prière du prêtre validement ordonné lors de la sainte messe (consécration), le pain et le vin deviennent la vraie chair et le vrai sang de notre Rédempteur, Jésus-Christ. C'est ce que nous appelons la présence réelle.

Dans la lettre circulaire du 30 mars 2016 de l'abbaye Saint-Joseph de Clairval, nous lisons : "Pour renforcer la foi de l'Eglise, le Seigneur, dans sa grâce, a de nouveau donné au monde en 2008 une preuve de son amour et lui a offert un autre miracle.

Le 12 octobre 2008, le père Jacek Ingielewicz a célébré la messe dans l'église Saint-Antoine de Sokolka (Pologne) en présence de 200 personnes. Lors de la distribution de la communion, une hostie est tombée par terre. Le père Jacek l'a ramassée et l'a placée dans un petit récipient liturgique en argent qu'il a rempli d'eau pour que l'hostie se dissolve, puis il a placé le tout dans un coffre-fort de la sacristie. En effet, dès qu'une hostie est complètement dissoute, le corps du Christ n'y est plus présent. Le père Jacek a informé le curé de la paroisse, Stanislaw Gniedziejko, qui a laissé le récipient dans le coffre pendant deux semaines. Il a alors constaté que non seulement l'hostie ne s'était pas dissoute dans l'eau, mais qu'elle présentait entre-temps une sorte de tache de sang. "J'étais bouleversé, je ne savais pas quoi penser". a déclaré plus tard le père Stanislaw. "Mes mains tremblaient quand j'ai refermé le coffre-fort : J'étais sans voix" Il a décidé d'avertir l'évêque de la ville voisine de Bialystok, Edward Ozorowski. Lorsque celui-ci arriva à Sokolka, on lui montra l'hostie qui avait été déposée sur un corporal. A côté de la tache de sang, il a vu quelque chose qui ressemblait à une substance organique, qui rappelait les échantillons de tissus que "beaucoup d'entre nous ont étudiés en cours de biologie", fait remarquer le père Jacek.

Le 5 janvier 2009, l'évêque a chargé deux professeurs de médecine de l'université de Bialystok, Maria-Elisabeth Sobaniec-Lotowaska et Stanislaw Slukowsksi, d'examiner chacun un morceau de l'hostie. Les deux professeurs avaient travaillé pendant plus de 30 ans dans le domaine de l'histopathologie. Le père Andrzej Kakareki, chancelier de l'archevêché de Bialystok, a remis à chacun des deux experts un échantillon de tissu prélevé sur l'hostie. L'étude a été réalisée à l'Institut de pathologie de l'université. Lorsque les échantillons de laboratoire ont été prélevés, le fragment intact de l'hostie est resté fermement attaché au tissu à examiner, sans rien perdre de sa couleur blanche. Les deux spécialistes ont travaillé indépendamment l'un de l'autre, mais sont arrivés à la même conclusion : Ce qui leur avait été remis était du tissu myocardique humain vivant - mais en agonie. Le professeur Sulkowski a expliqué qu'il avait constaté "de nombreuses indications biomorphologiques typiques du tissu myocardique" ainsi que des dommages visibles sous forme de petites déchirures sur les fibres du tissu. Il a ajouté : "De tels dommages ne peuvent être observés que sur des fibres vivantes, et ils sont le signe de spasmes rapides du muscle cardiaque juste avant la mort".

PORFESSOR Sobaniec-Lotowska a confirmé : "Il s'agit de tissu myocardique vivant" Elle a exprimé son étonnement face au fait qu'un fragment de tissu continue à vivre après avoir été séparé de l'organisme dont il faisait partie à l'origine ; c'est un phénomène incroyable" Elle a expliqué : "L'hostie a été immergée dans l'eau pendant longtemps et a ensuite été placée sur le corporal ; le tissu aurait donc dû subir un processus d'asphyxie, mais nos tests n'ont rien révélé de tel.... En l'état actuel de nos connaissances en biologie, nous ne pouvons pas expliquer scientifiquement ce phénomène". Particulièrement irritée par l'adhérence du tissu du muscle cardiaque à l'hostie, confirmée par des examens au microscope optique et au microscope électronique à transmission, elle a constaté : "Cela prouve qu'il ne peut y avoir eu aucune manipulation du tissu par un être humain. (cf. déclaration de la professeure Sobianec-Lotowska dans le rapport "Le miracle eucharistique de Sokowska" Lux Veritatis, 2010) Le sang de l'hostie présente les mêmes caractéristiques que le sang du Saint-Suaire de Turin et que le sang du miracle de Lanciano. (groupe sanguin AB) La présence réelle est un fait.

Ce pouvoir des prêtres catholiques est pour Lucifer une humiliation indescriptible et douloureuse, qu'il veut à tout prix faire cesser par ses agents. Avant d'examiner de plus près les manœuvres de Lucifer, examinons la sainte messe. Avec l'invention de l'imprimerie, il a été possible de créer des missels uniformes dans l'Église. Les missels manuscrits du Moyen-Âge n'étaient bien sûr pas tout à fait identiques, et les missels des différents évêchés et monastères changeaient. Après le Concile de Trente, cela a été modifié par le pape Pie V.

7. Père Odo de Württemberg, OSB, conférence en 1957 à Donaueschingen

Satan a trouvé ses exécutants dans les francs-maçons. Ils sont chargés de détruire la messe et le sacerdoce. Voici l'histoire de M. Jäger, propriétaire d'un restaurant, sur Lexikon Ave et la 76e rue à New York.

Le père Odo raconte :

"En 1949, je suis revenu et il (Monsieur Jäger) est revenu pour la première fois (en Allemagne) en 1951/52. Juste après la débâcle, il avait émigré en Amérique. Et maintenant, il est revenu. Les sœurs lui ont alors demandé de quitter la loge et de se réconcilier avec l'Eglise. Il répondit : "Oui, mais la Loge le saura". Elles répondirent : "Non, non, tout cela sera fait de façon miraculeuse". Ils firent en sorte qu'il fasse une excursion en voiture, puis il prit le car postal, puis il marcha, repartit avec une autre voiture, etc. et quelque part dans le pays de Bade, tout au fond de Pfui-Teufel, il rencontra un ecclésiastique, se confessa et communiqua. Personne ne le connaissait là-bas, et l'affaire était en ordre. Il resta encore trois mois dans le pays de Bade et retourna à New York. C'est là qu'il est entré dans son magasin, et bien sûr, c'était l'effervescence.

Pour une entreprise aussi gigantesque, ils n'ont pas l'argent pour la maintenir, ils prennent un crédit à la banque le lundi, il leur faut en moyenne 20.000 à 100.000 par jour, selon la taille du restaurant. A l'époque, 100.000 dollars ne représentaient pas tout à fait un million de marks. Ils prennent donc ces 600.000 dollars, parce que le dimanche, on ne va pas manger. Tous les restaurants de la ville sont alors fermés, on ne mange au restaurant que du lundi au samedi. Le crédit est pris, et puis le premier jour, supposons qu'il ait encaissé 110.000 dollars en une soirée, puis il a remboursé les 100.000 à la banque et 10.000 dollars sont allés sur son compte. Le lendemain, il n'a peut-être remboursé que 105.000 dollars, 5.000 sont donc allés sur son compte. Puis vint un autre jour avec 120.000 dollars, il avait à nouveau 20.000 pour lui. Donc, chaque jour, il remboursait la quote-part journalière de 100.000, ou ce qui avait été convenu. Monsieur Jäger était donc très content, et tout se passait à merveille. Un monsieur est entré et a demandé : "Vous êtes le propriétaire ?" Il répondit : "Oui". - "Vous avez rompu votre serment. Vous vous êtes confessé et avez communié à tel jour, à tel endroit, auprès de tel ecclésiastique de Baden. Vous êtes fini". Monsieur Jäger a alors dit : "Pour l'amour du ciel, cela ne vous regarde pas, c'est une affaire privée". - "Vous avez rompu votre serment, c'est terminé". Une demi-heure plus tard, la banque l'a appelé : "Le crédit est bloqué". Que pouvait-il faire ? Il avait bien sûr toujours son propre compte bancaire, mais il n'a évidemment pas reçu ses 500 000 dollars le lundi. Il a donc essayé la banque, rien à faire. Il est allé à la grande banque la plus proche, rien à faire. Il a téléphoné à Chicago, à Washington, à Philadelphie, à Détroit, à Boston, partout. Aucune banque ne lui donna quoi que ce soit. Pendant trois semaines, il a tenu bon avec son propre capital, puis il a fait faillite. C'est fini. L'homme en eut tellement le cœur serré qu'il mourut peu après d'un arrêt cardiaque". Dans tous ses efforts, Satan ne s'intéresse qu'aux âmes immortelles des hommes. La secte conciliaire est son meilleur représentant.

8.1884, Avertissement Pape Léon XIII. 1917 avertissement Fatima, avertissement le 24.6.1917 à Rome, Père Maximilian Kolbe

"Je suis avec vous tous les jours, jusqu'à la fin du monde" (Mt. 28:20). C'est ainsi que le pape Léon XIII a été personnellement averti par le Seigneur des dangers particuliers de son époque. Le pape Léon XIII a eu une vision après le saint sacrifice de la messe. Il est resté environ 10 minutes comme en transe, son visage est devenu pâle et gris. Lorsqu'on lui demanda ce qui s'était passé, il expliqua qu'il avait entendu deux voix qui venaient de la direction du tabernacle.

L'une des voix était douce et l'autre était rude et dure. Il entendit la conversation suivante :

La voix de Satan se vantait de son orgueil à notre Seigneur : "Je peux détruire ton église".

La voix douce du Seigneur : "Tu peux ? Alors vas-y et fais-le".

Satan : "Pour faire cela, il me faut plus de temps et de pouvoir".

Notre Seigneur : "Combien de temps ? Combien de pouvoir" ?

Satan : "75-100 ans, et plus de pouvoir sur ceux qui se soumettent à mon service".

L'Éternel : "Tu auras ce temps et ce pouvoir".

A cet endroit, il a été montré au Saint-Père qu'une fois le temps et le pouvoir terminés, le diable subirait une grande défaite. De plus, les forces du bien ne seront pas impuissantes face à cette lutte et des forces spéciales leur seront accordées afin de pouvoir résister à cette attaque du diable et de ses légions.

C'est alors que le pape Léon XIII rédigea la prière à "Saint Michel Archange" et voulut qu'elle soit récitée après chaque messe silencieuse, dans le monde entier.

Saint Michel Archange, défends-nous dans la lutte ; contre la méchanceté et les persécutions du diable, sois notre protection. "Que Dieu lui ordonne", demandons-nous avec supplication ; et toi, Prince des armées célestes, repousse en enfer, par la puissance de Dieu, Satan et les autres esprits mauvais qui rôdent dans le monde pour corrompre les âmes. Amen.

Cette prière a été incluse dans les "Prières après la messe silencieuse" telles qu'elles se trouvent dans la cloison de 1935. Après le Concile, ces prières n'ont plus été récitées par la secte conciliaire. On ne veut pas fâcher le "prince du monde".

La vision du pape Léon XIII avait bien sûr un sens. Nous ne comprenons pas pourquoi l'Éternel donne à Satan le pouvoir de lutter contre son Église. Mais l'Éternel a également indiqué que les forces du bien ne sont pas impuissantes face à ce combat et que Satan connaîtra une défaite. Les forces du bien ne se sont jamais formées de manière efficace. Les catholiques n'ont en tout cas pas entamé la croisade contre le mal jusqu'à aujourd'hui.

La secte conciliaire nie le mal et la triste petite foule des catholiques n'a pas encore de chef qui pourrait diriger la croisade. Tant que les serviteurs du "prince de ce monde" ne seront pas maudits par les catholiques de Trente, ils ne recevront aucun soutien du Seigneur. "Mais parce que vous êtes tièdes, je vous vomirai de ma bouche". L'indifférence des catholiques est effrayante. Où sont "Alexandre ou David" qui vainquent les ennemis de l'Église et les chassent vers le lieu de leur châtiment ? Qui prie pour ces courageux dirigeants ?

Nous pensons que nous n'avons rien à voir avec le mal qui se produit autour de nous. C'est une erreur. Nous sommes coresponsables. Si nous faisions ce que saint Pierre nous a demandé : "Soyez sobres et vigilants..." (1 Pierre 5:8), le mal ne pourrait pas se répandre aussi bien dans notre environnement. Saint Paul a dit : "Priez sans cesse" 1 Thessaloniciens 5:17. Là où l'on prie, les démons perdent leur pouvoir.

Prier sans cesse n'est en fait pas un problème. "Chaque battement de mon cœur, à toi cher Père, adoration, louange et action de grâce", c'est ainsi que l'on prie sans cesse.

Chaque pensée à Dieu est une prière. Celui qui prononce cette prière le matin en se réveillant et la répète plusieurs fois par jour, prie sans cesse. Le chapelet quotidien ne doit pas être oublié. Il doit avoir sa place fixe dans notre emploi du temps quotidien.

1917, avertissement de la Vierge à Fatima, la consécration de la Russie

La Vierge Marie s'est adressée aux enfants à Fatima le 13.7.1917 : "Vous avez vu l'enfer vers lequel se dirigent les pauvres pécheurs. Pour les sauver, le Seigneur veut introduire dans le monde la dévotion à mon Cœur Immaculé. Si l'on fait ce que je vous dis, beaucoup d'âmes seront sauvées et la paix viendra. La guerre touche à sa fin ; mais si l'on ne cesse pas d'offenser le Seigneur, il ne se passera pas beaucoup de temps avant qu'une autre, encore plus grave, ne commence ; cela se produira pendant le pontificat de Pie XI. Alors, si une nuit vous voyez une lumière inconnue, sachez que c'est le signe de DIEU que le châtiment du monde pour ses nombreux crimes est proche : guerre, famine et persécution de l'Église et du Saint-Père.

Pour éviter cela, je veux (venir et) demander que la Russie soit consacrée à mon Cœur Immaculé et que la communion expiatoire soit introduite le premier samedi du mois.

Si l'on accède à ma demande, la Russie se convertira et il y aura la paix. Sinon, elle (la Russie) répandra ses erreurs dans le monde, provoquera la guerre et les persécutions de l'Eglise ; les bons seront martyrisés, le Saint-Père aura beaucoup à souffrir ; plusieurs nations seront détruites....A la fin, mon Cœur Immaculé triomphera, le Saint-Père me consacrera la Russie, qui se convertira, et un temps de paix sera donné au monde".

Extrait de : "Marie parle au monde" par le professeur Dr. L. Gonzaga da Fonseca, 1963, page 45

Le 13.6.1929, 10 ans avant la deuxième guerre mondiale, Sœur Lucie écrit à Tuy : "Notre-Dame a dit : page 196 :

"Le moment est venu où, selon le désir du Seigneur, le Saint-Père, en union avec tous les évêques du monde, devrait procéder à la consécration de la Russie à mon Cœur Immaculé ; en échange, il promet de la sauver par ce moyen".

Incompréhensible, la demande du Seigneur, transmise par la Vierge Marie, Reine de l'Eglise, n'a pas été exaucée par le Pape Pie XI de 1922 à 1939.

La deuxième guerre mondiale a été un châtiment de Dieu qui aurait été évité si le pape Pie XI avait répondu à la demande du Seigneur. En même temps, la conversion de la Russie aurait eu lieu et l'histoire aurait pris un autre cours.

La persécution de l'Église a eu lieu dans l'Église. Le détournement du serment de couronnement des papes, le concile hérétique et les modifications blasphématoires qui s'en sont suivies ont conduit à l'endommagement de l'Église catholique. En raison de la malédiction divine du serment de couronnement, 99,9% sont devenus une secte. Un cerveau sataniquement manipulé les empêche de voir la vérité.

Que peut-on dire de la consécration de la Russie par François, le 25 mars 2022 ? Examinons attentivement les paroles de la Vierge.

Qu'a dit la Vierge Marie aux enfants à Fatima ? A la fin, mon Cœur Immaculé triomphera et le Saint-Père me consacrera la Russie. Elle a parlé de deux événements qui se produiront à la "fin".

1er événement : à la fin, mon Cœur immaculé triomphera.

2e événement : le Saint-Père me consacrera la Russie.

Selon cette déclaration de la Mère de Dieu, le triomphe du Cœur Immaculé vient d'abord et ensuite seulement vient la consécration de la Russie.

De quoi la Sainte Vierge pourrait-elle triompher au cours des 100 dernières années ? Rome a perdu la foi, l'Église catholique du Seigneur a dégénéré en une secte frappée de l'anathème divin.

Ce n'est pas une condition préalable à la consécration de la Russie. La Mère de Dieu a souhaité la consécration de la Russie par le Saint-Père en union avec tous les évêques du monde.

Le 25 mars 2022, la secte conciliaire, frappée de l'anathème divin, s'est réunie à Rome. Une secte n'a ni Saint-Père, ni évêques, ni prêtres.

Les catholiques sont privés de direction sacerdotale. Les quelques croyants peuvent-ils lutter avec succès contre Satan ou le Seigneur doit-il intervenir lui-même pour rétablir l'ancien ordre tridentin ? Si nous abandonnons notre indifférence et que nous le voulons sérieusement, si nous unissons nos forces, nous pouvons compter sur l'aide de Dieu et gagner la bataille.

Si nous n'y parvenons pas, ce sera très douloureux. Cela dépend de nous. La prière quotidienne du chapelet, sera aussi une aide. Assister à un service religieux de la secte est une trahison, car cela témoigne de l'approbation des changements blasphématoires.

La réapparition miraculeuse du serment de couronnement détourné des papes doit être prise en considération. Le printemps arrive. Peut-être que quelques bourgeons repentants se réveilleront sur le bois sain de l'Église du Seigneur, attirés par la chaleur de la vérité, reconnaissant la trahison et la tromperie dans la maison du Seigneur, et prêts à la combattre.

Le triomphe du Cœur Immaculé viendra. La Mère de Dieu nous l'a dit. Ce serait bien que nous apportions notre contribution. Allons dans l'arène, quittons les places de spectateurs et combattons là, contre les démons et pour la vérité. Vous pouvez faire un premier pas en envoyant ce livre à vos amis. Nous sommes jugés sur notre bonne volonté et nos actes, pas sur notre réussite.

Il est probable que nous soyons trop faibles et que le Seigneur doive intervenir lui-même. Jean 20, 1-3 dit :

"Puis je vis descendre du ciel un ange qui avait la clef de l'abîme et une grande chaîne dans sa main. Il saisit le dragon, le serpent ancien, c'est-à-dire le diable et Satan, et il l'enchaîna pour mille ans ; il le jeta dans l'abîme, le ferma et mit un sceau sur le dessus, afin qu'il ne séduise plus les nations, jusqu'à ce que les mille ans fussent accomplis. Ensuite, il sera relâché pour un peu de temps".

Un ange viendra donc libérer le monde et l'Église de tous les démons. La sainte Église sera alors rétablie et le Seigneur appellera un Saint-Père. Ce sera le triomphe de la Mère de Dieu, et le Saint-Père, accomplira la consécration de la Russie.

Entre les deux, il y a la vallée de la justice, par laquelle l'humanité doit passer. Le temps de la miséricorde n'a été utilisé que par quelques-uns.

Maintenant, les croyants se demandent pourquoi nous ne prions pas pour obtenir la grâce de cet ange et pourquoi le Vatican s'oppose aux souhaits de la Vierge qui veut apporter la paix à l'humanité ?

Le Vatican dirige la secte conciliaire et n'est pas catholique. On ne peut servir qu'un seul maître. La Mère de Dieu n'est pas la maîtresse de la secte conciliaire. Nous devons travailler à la défaite de Satan et prier pour cela.

1917, avertissement sur la place Saint-Pierre : Saint Maximilien Kolbe a été le témoin oculaire de la célébration du bicentenaire de la franc-maçonnerie à Rome. Les francs-maçons ont chanté l'hymne de Satan et ont brandi un étendard de Satan avec l'inscription "Satan doit régner au Vatican, le pape sera son esclave".

Le père Maximilian Kolbe était franciscain, éditeur et publiciste. Il a été assassiné le 14 août 1941 dans la Hungerturm à Auschwitz. Il a sacrifié sa vie pour un codétenu qui avait une femme et deux enfants. La déclaration de guerre des francs-maçons à l'Eglise était sans équivoque, elle n'aurait pas pu être plus claire. Tous les signaux d'alarme au Vatican auraient dû s'allumer.

La Mère de Dieu avait déjà dit en 1846 à La Salette que Rome perdrait la foi et deviendrait le siège de l'Antéchrist. C'était un terrible avertissement : "Rome perdra la foi et deviendra le siège de l'Antéchrist". Nous connaissons tous la prédiction de la Mère de Dieu et nous ne voulons pas l'admettre, bien que tout se soit déroulé sous nos yeux.

Satan nous a privé de notre capacité de jugement. Nous ne pouvons pas voir la vérité. Satan domine la secte conciliaire

Les droits de l'homme, ont supplanté les commandements de Dieu...

Les hommes, avec leurs âmes immortelles et leur libre arbitre, doivent décider s'ils veulent suivre leur Créateur ou Satan. Le Créateur, que les hommes peuvent aussi appeler "Père", a institué l'Église catholique, par l'intermédiaire de son Fils, pour aider les âmes immortelles. Elle guide les âmes selon les dix commandements de Dieu et l'enseignement de notre Seigneur, comme il nous l'a montré. Maintenant, l'Église de Dieu a été capturée par ses ennemis et son capitaine est Satan.

Satan a regroupé ses auxiliaires dans des sociétés secrètes. Elles promettent aux hommes la liberté dans toutes les relations et le succès. Mais ils ne disent pas que chaque âme immortelle doit rendre des comptes à son Créateur à la fin de sa vie terrestre. Ceux qui se sont alliés à Satan et ne se sont pas repentis sont déjà jugés. La mort sera pour eux le passage immédiat vers les démons qu'ils ont déjà servis ici-bas. Terrible !

9. quel ordre Satan a-t-il donné à ses agents ?

1) Ecrasez l'infâme, tel était l'ordre de Voltaire à ses frères francs-maçons, détruisez l'infâme, c'est-à-dire l'Église catholique. Cet ordre a été accepté par la loge des Carabonari, une société secrète italienne liée à la franc-maçonnerie. C'est là qu'a été conçu le plan secret qu'ils ont appelé "Alta Vendita". Un plan maçonnique pour le renversement de l'Eglise catholique.

Le document secret rédigé par cette loge est parvenu en son temps entre les mains du pape Grégoire XVI et a été publié à sa demande. Les papes suivants ont également ordonné la publication de l'"Alta Vendita". Le 25 février 1861, le pape Pie IX confirma l'authenticité de ces documents. La stratégie exposée dans ces documents décrit un processus qui mettrait des décennies à se réaliser pleinement - "Dans nos rangs, le soldat meurt, mais la lutte continue".

Extrait : "Notre but ultime est celui de Voltaire et de la Révolution française : la destruction totale du catholicisme et même de l'idée chrétienne... Le pape, quel qu'il soit, ne viendra jamais aux sociétés secrètes ; c'est aux sociétés secrètes de faire le premier pas vers l'Église dans le but de les vaincre toutes deux. Le travail auquel nous voulons nous atteler n'est pas l'œuvre d'un jour, ni d'un mois, ni d'une année ; il peut durer plusieurs années, peut-être un siècle ; mais dans nos rangs, le soldat tombe et la lutte continue. Nous n'avons pas l'intention de gagner les papes à notre cause, de faire d'eux de nouveaux initiés à nos principes et des propagateurs de nos idées. Ce serait un rêve ridicule, et quel que soit le cours des événements - si, par exemple, des cardinaux ou des prélats venaient à découvrir, intentionnellement ou par hasard, une partie de nos secrets, ce ne serait absolument pas une raison pour souhaiter leur élévation sur le siège de Pierre. Une telle élévation causerait notre perte. Seule l'ambition les aurait conduits à l'apostasie ; les nécessités du pouvoir les contraignent à nous sacrifier. Ce que nous demandons, ce que nous devons chercher et attendre, comme les Juifs attendent le Messie, c'est un pape selon nos besoins... Avec cela, nous avançons plus sûrement vers l'attaque de l'Eglise qu'avec les diatribes de nos frères français ou même avec l'or de l'Angleterre. Voulez-vous en connaître la raison ? Si nous obtenons cela, nous n'aurons plus besoin, pour faire sauter le rocher sur lequel Dieu a bâti Son Eglise, ni du vinaigre d'Hannibal, ni de la poudre à canon, ni même de nos armes. Nous avons le petit doigt du successeur de Pierre dans notre complot, et ce petit doigt pèse autant pour cette croisade que tous les Urbain II et tous les saints Bernard de la chrétienté.

Nous ne doutons pas d'atteindre ce but suprême de nos efforts. Mais quand ? Et comment ? Cette inconnue n'apparaît pas encore. Néanmoins, comme rien ne doit nous détourner du plan tracé, mais qu'au contraire tout doit y tendre, comme si le succès pouvait dès demain couronner l'œuvre à peine esquissée, nous voulons, dans cette Instruction qui doit rester secrète pour les initiés ordinaires, donner aux supérieurs de la Venta (Loge) suprême des conseils qu'ils devront inculquer à l'ensemble des frères sous forme d'instruction ou de mémorandum... Or, si nous voulons nous assurer un pape dans les proportions requises, il s'agit d'abord de former pour lui, ce pape, une génération digne du règne dont nous rêvons. Laissez de côté l'âge et les années de maturité, tenez-vous en à la jeunesse et même, si cela est possible, à l'enfance (...). Une fois que votre bonne réputation est solidement établie dans les collèges, les lycées, les universités et les séminaires, une fois que vous avez gagné la confiance des professeurs et des jeunes gens, veillez à ce que les candidats de l'état ecclésiastique en particulier recherchent votre compagnie (...).

Sur le chemin que nous traçons pour nos frères, il y a de grands obstacles à vaincre, des difficultés de plus d'une sorte à surmonter. L'expérience et la sagacité en triompheront ; mais le but est si beau qu'il faut mettre toutes les voiles pour l'atteindre. Vous voulez révolutionner l'Italie ? Cherchez le pape dont nous venons d'esquisser le portrait. Vous voulez établir le règne des élus sur le trône de la prostituée babylonienne ? Veillez à ce que le clergé marche sous votre bannière en croyant encore qu'il marche sous la bannière des clés apostoliques. Vous voulez faire disparaître la dernière trace des tyrans et des oppresseurs ? Tendez vos filets comme Simon Bar Jona, tendez-les sur le sol des sacristies, des séminaires et des monastères plutôt qu'au fond de la mer, et si vous ne vous précipitez pas, nous vous promettons une pêche plus merveilleuse que la sienne. Le pêcheur est devenu pêcheur d'hommes, et vous regrouperez des amis autour du Siège apostolique. Vous aurez dans vos filets une révolution en tiare et en jupe de chœur, marchant avec la croix et le drapeau de l'Eglise, une révolution qu'il suffira d'inciter un tout petit peu pour mettre le feu au monde à ses quatre coins".

En 1910, Rudolf Steiner, (1861-1925) publiciste, ésotériste, fondateur de l'anthroposophie et franc-maçon, déclarait :

"Nous avons encore besoin d'un concile et de quelqu'un qui le proclame".

Comment Rudolf Steiner savait-il qu'après le prochain concile, l'Église catholique changerait dans le sens des francs-maçons ? Il connaissait les plans des francs-maçons, notamment celui d'introduire dans le Concile un piège à hérésie pour les Pères de l'Eglise. Ce plan a été parfaitement exécuté.

Il s'agit ici de plans des francs-maçons, qu'ils ont eux-mêmes fait connaître. "Satan doit régner au Vatican", nous y reviendrons. Leur objectif déclaré est de faire le premier pas dans l'Église, avec l'ordre de la détruire. Les 33 ordres donnés aux évêques francs-maçons pour amorcer la destruction de l'Église en font partie.

L'Église catholique, sa doctrine, son sacerdoce et ses sacrements ont toujours été une source d'irritation pour Satan, qu'il voulait absolument détruire. Pour ce faire, il avait besoin d'auxiliaires dévoués au sein de l'Église. Trois points devaient mener au but.

1. l'introduction de la liberté religieuse.

2. la modification de l'ordination des évêques

3. la modification du Missel romain

Ces trois points ont été réalisés par la secte conciliaire.

La liberté religieuse est, selon l'enseignement de l'Eglise catholique, une hérésie condamnable. L'Éternel n'a fondé qu'une seule religion. Par conséquent, même un pape légitime n'enseignera jamais la liberté religieuse.

10. Les 33 ordres du Grand Maître aux évêques francs-maçons. "Publiez les plans des francs-maçons que l'Antéchrist veut établir dans mon église ensanglantée" 22.2.1996, le Seigneur à Debora Marasco.

Ordre n° 1 : retirez une fois pour toutes Saint Michel, le protecteur de l'Eglise catholique, de toutes les prières à l'intérieur et à l'extérieur de la Sainte Messe. Enlevez ses statues. Dites que cela détourne l'attention du Christ.

Ordre n° 2 : Supprimez les pratiques pénitentielles pendant le Carême, comme le fait de ne pas manger de viande le vendredi ou de jeûner. Empêchez toute forme d'abnégation. Qu'ils soient remplacés par des actes de joie, de bonheur et d'amour du prochain. Dites : le Christ a déjà gagné le ciel pour nous et que tous les efforts humains sont inutiles. Dit qu'ils doivent prendre au sérieux le souci de leur santé. Encourage la consommation de viande, en particulier de porc.

Ordre n° 3 : Indique aux pasteurs protestants de revoir la messe et de la désacraliser. Sème le doute sur la présence réelle (de l'Eucharistie) et réaffirme que l'Eucharistie - plus proche de la foi des protestants - n'est que du pain et du vin et n'a qu'une signification symbolique. Emploie des protestants dans les séminaires et les écoles. Encourage l'œcuménisme comme chemin vers l'unité. Accuse toute personne qui croit en la présence réelle d'être subversive et de désobéir à l'Église.

Ordre n° 4 : interdit la liturgie de la messe en latin avec adoration et chants, car ils donnent un sentiment de mystère et de révérence. Faites passer cela pour un "tour de passe-passe", de la part de devins. Les gens cesseront de considérer les prêtres comme des personnes d'une intelligence supérieure et comme des personnes mystérieuses à respecter.

Ordre no 5 : Encouragez les femmes à ne pas porter de chapeau à l'église. Les cheveux sont sexy. Exige des femmes comme prédicateurs et prêtres. Présente cela comme une idée démocratique. Fonde un mouvement pour la liberté des femmes. Demande aux paroissiens de porter des vêtements salaces pour qu'ils se sentent à leur place. Cela diminuera l'importance de la messe.

Ordre n° 6 : Empêchez les personnes qui communient de recevoir l'hostie à genoux. Dites aux religieuses d'empêcher les enfants de joindre les mains avant et après la réception de la communion. Dites-leur que Dieu les aime tels qu'ils sont et qu'il souhaite qu'ils se sentent parfaitement détendus. Supprimez tout agenouillement et toute génuflexion à l'église. Supprimez les agenouilloirs. Dites aux gens qu'ils doivent témoigner debout pendant la messe.

Ordre no 7 : Arrêtez la musique sacrée à l'orgue. Faites entrer dans l'église des guitares, des harpes juives, des tambours, des battements de pieds et des rires sacrés. Cela empêchera les gens de prier personnellement et de parler avec Jésus. Ne donnez pas à Jésus le temps d'appeler les enfants à la vie religieuse. Faites des danses liturgiques dans des vêtements provocants, des jeux et des concerts à l'autel.

Ordre no 8 : Enlevez le caractère sacré des chants à la Vierge et à saint Joseph. Qualifiez leur vénération d'idolâtrie. Ridiculisez ceux qui persistent dans cette voie. Introduisez des chants protestants. Cela donnera l'impression que l'Église catholique admet enfin que le protestantisme est la vraie religion ou du moins qu'il est égal à l'Église catholique.

Ordre no 9 : Abolissez tous les hymnes, y compris ceux à Jésus, car ils rappellent aux gens leur enfance heureuse, qui leur rappelle à son tour la paix dont la racine était la vie austère d'abnégation et de pénitence pour Dieu. N'introduisez de nouveaux chants que pour convaincre les gens que les rites précédents étaient en quelque sorte faux. Assurez-vous qu'il y ait au moins un chant dans chaque messe qui ne mentionne pas Jésus, mais qui parle seulement de l'amour pour les hommes. Les jeunes seront ravis d'entendre parler de l'amour du prochain. Prêcher sur l'amour, sur la tolérance et l'unité. Ne mentionne pas Jésus. Interdit toute prédication sur l'Eucharistie.

Ordre n° 10 : retirez toutes les reliques de saints des autels, puis, retirez l'autel lui-même. Remplacez-les par des tables païennes non consacrées qui peuvent être utilisées pour offrir des sacrifices vivants lors de messes sataniques. Abrogez la loi de l'Église qui stipule que la messe ne peut être célébrée que sur des autels contenant des reliques.

Ordre n° 11 : cessez la pratique consistant à célébrer la messe dans le tabernacle avant le saint sacrement. N'autorisez pas de tabernacle sur les tables utilisées pour la sainte messe. La table doit ressembler à une table de salle à manger. Elle doit être transportable pour indiquer qu'elle n'a rien de sacré, mais qu'elle peut servir à un double usage, par exemple comme table de conférence ou pour jouer aux cartes. Plus tard, placez au moins une chaise à côté de cette table. Le prêtre doit s'y asseoir pour indiquer, après la communion, qu'il se repose après son repas. Le prêtre ne doit jamais s'agenouiller ou faire une génuflexion pendant la messe. On ne s'agenouille pas pendant les repas. La chaise doit être placée à la place du tabernacle. Encouragez les gens à vénérer le prêtre et non l'eucharistie et à lui obéir plutôt qu'à l'eucharistie. Dites-leur que le prêtre est le Christ, leur chef. Placez le tabernacle dans une autre pièce, hors de vue.

Ordre no 12 : Faites disparaître les saints du calendrier de l'église. toujours quelques-uns à un moment donné. Interdisez aux prêtres de prêcher sur les saints, à moins qu'ils ne soient mentionnés dans l'Évangile. Dites-leur que les protestants, qui sont peut-être dans l'église, s'en offusqueraient. Évitez tout ce qui pourrait déranger les protestants.

Ordre no 13 : En lisant l'Evangile, omettez les mots "saint". Par exemple, Évangile selon saint Jean. Dites simplement : Évangile selon saint Jean. Cela indiquera aux gens qu'ils ne doivent plus vénérer les évangiles. Écrivez continuellement de nouvelles Bibles jusqu'à ce qu'elles soient identiques aux Bibles protestantes. Laisse tomber le mot "saint" dans le Saint-Esprit. Celui-ci ouvrira la voie. Insiste sur la nature féminine de Dieu, comme une mère aimante. Ne permet pas l'utilisation du mot PÈRE.

Ordre no 14 : Faites disparaître tous les livres de prières personnels et détruisez-les. Alors, les litanies au Sacré-Cœur de Jésus, à la Vierge et à saint Joseph disparaîtront également, ainsi que la préparation à la Sainte Communion. L'action de grâce après la communion sera également superflue.

Ordre no 15 : Faites également disparaître toutes les statues et images d'anges. Pourquoi des statues de nos ennemis devraient-elles traîner ? Appelez cela des mythes ou des "histoires à dormir debout" Ne permettez pas de parler des anges, car cela expulsera nos membres protestants.

Ordre n° 16 : Abolissez le petit exorcisme pour les exorcismes de diables ; travaillez-y dur. Proclamez qu'il n'y a pas de diable. Dites que c'est la manière de la Bible de désigner ainsi le mal, et qu'il ne peut y avoir de bonnes histoires sans un méchant. Alors, ils ne croiront pas non plus à l'enfer et n'auront jamais peur d'y aller. Dites que l'enfer n'est rien de plus que d'être éloigné de Dieu ; et quel mal y a-t-il à cela, puisque c'est de toute façon la même vie qu'ici-bas.

Ordre no 17 : enseigne que Jésus n'était qu'un homme qui avait des frères et des sœurs, et qu'il détestait l'establishment. Dit qu'il aimait la compagnie des prostituées, en particulier Marie-Madeleine. Dit qu'il n'avait aucune utilité pour les églises et les synagogues. Dit qu'il a conseillé de ne pas obéir aux dirigeants de l'Église. Dit qu'il était un grand enseignant, mais qu'il s'est égaré lorsqu'il a désobéi aux docteurs de l'Église. Décourage de parler de la croix comme d'une victoire, mais la décrit comme une défaite.

Ordre no 18 : Rappelez-vous que vous pouvez amener des religieuses à abandonner leur vocation en vous adressant à leur vanité, à leur charme et à leur beauté. Faites-leur changer leurs habits, cela les amènera automatiquement à jeter leurs chapelets. Montrez au monde qu'il y a des divergences d'opinion dans leurs monastères. Cela asséchera leur vocation. Dites aux nonnes qu'elles ne seront pas acceptées si elles ne renoncent pas à leur habit. Déconsidérez le port de l'habit également auprès des humains.

Ordre n° 19 : brûlez tous les catéchismes. Dites aux professeurs de religion qu'ils doivent enseigner à aimer les hommes de Dieu plutôt que d'aimer Dieu. Faites en sorte que le mot "sexe" devienne un mot courant dans les classes de religion. Faites du "sexe" une nouvelle religion. Introduisez des images de sexe dans les cours de religion pour enseigner les faits aux enfants. Assurez-vous que les images sont claires. Encouragez les écoles à être des penseurs progressistes en matière d'éducation sexuelle.

Introduisez l'éducation sexuelle par les autorités épiscopales, les parents ne s'y opposeront pas.

Ordre n° 20 : Fermez toutes les écoles catholiques en diminuant les vocations de sœurs. Dites aux sœurs qu'elles sont des assistantes sociales sous-payées et que l'Eglise est en train de les supprimer. Insistez pour que les enseignants catholiques laïcs reçoivent le même salaire que dans les écoles gouvernementales. Emploie des "enseignants non catholiques". Les prêtres doivent recevoir le même salaire que les fonctionnaires laïcs correspondants. Tous les prêtres doivent retirer leurs vêtements sacerdotaux et leurs croix afin d'être acceptés par tous. Ridiculisez ceux qui ne respectent pas cette règle.

Ordre no 21 : Détruisez le pape en détruisant ses universités. Séparez les universités du pape en disant que le gouvernement les soutiendra alors. Changez les noms des instituts religieux en profanes, par exemple "École de l'Immaculée-Conception". En "École supérieure Invala". Appelle cela œcuménique. Établit des départements œcuméniques dans tous les diocèses. Veille à leurs contrôles protestants. Ne permet pas de prier pour le Pape ou pour Marie, car ils découragent l'œcuménisme. Proclame que les évêques locaux sont les autorités compétentes. Dit que le pape n'est qu'une figure représentative. Dites aux gens que l'enseignement du pape ne sert qu'à les divertir et n'a aucune autre signification.

Ordre n° 22 : Attaquez l'autorité du pape en fixant une limite d'âge à son ministère. Abaissez-la progressivement. Dites que vous voulez le préserver du surmenage.

Ordre n° 23 : soyez audacieux, affaiblissez le pape en instituant des synodes des évêques. Le pape ne sera alors qu'une figure de représentation, comme en Angleterre, où la Chambre des Lords et la Chambre des Communes gouvernent et d'où la reine reçoit ses ordres. Ensuite, vous affaiblissez l'autorité de l'évêque en créant une contre-institution au niveau des prêtres. Dites que les prêtres obtiennent ainsi la reconnaissance qu'ils méritent. Ensuite, affaiblissez l'autorité des prêtres en mettant en place des groupes de laïcs qui dominent le prêtre. Une telle haine est ainsi développée que même des cardinaux quittent l'Église, de sorte que l'Église est désormais démocratique.

Ordre n° 24 : réduire les vocations sacerdotales en faisant perdre aux laïcs le respect qu'ils ont pour eux. Un scandale d'un prêtre en public détruira des milliers de vocations. Louez les prêtres apostats qui ont tout abandonné pour l'amour d'une femme. Dites d'eux qu'ils sont héroïques, héroïques. Honore les prêtres laïcs comme de véritables martyrs qui ont été tellement opprimés qu'ils ne pouvaient plus le supporter. Condamnez également comme un scandale le fait que nos frères francs-maçons doivent être publiés dans leur sacerdoce. Soyez tolérants envers l'homosexualité chez les prêtres. Dites aux gens qu'ils sont seuls.

Ordre n° 25 : commencez à fermer des églises par manque de prêtres. Appelez cela une pratique économique et une bonne pratique commerciale. Dites que Dieu répond partout aux prières. Ainsi, les églises sont un extravagant gaspillage d'argent. Fermez d'abord les églises dans lesquelles sont pratiquées des traditions démodées.

Ordre n° 26 : utilisez les commissions de laïcs et les prêtres, faibles dans la foi, qui condamnent et condamnent rapidement toute apparition de la Vierge et tout prétendu miracle, en particulier de saint Michel, l'archange. Soyez absolument certains que rien de tout cela ne sera reconnu par Vatican II. Appelez cela désobéissance à l'autorité si quelqu'un suit les messages ou même y réfléchit. Qualifie les voyants de désobéissants à l'autorité ecclésiastique. Déconsidérez leur nom, et personne n'aura l'idée de diffuser leurs messages.

Ordre no 27 : Élisez un antipape. Dites qu'il ramènera les protestants dans l'Église et peut-être même les juifs. Un antipape peut être élu si l'on donne le droit de vote aux évêques. Dit que le vrai pape est mort.

Ordre n° 28 : Supprimez la confession avant la sainte communion pour les 2e et 3e années des enfants, de sorte qu'ils ne se soucient pas de la confession lorsqu'ils entrent en 4e et 5e année, puis dans les classes supérieures. La confession disparaîtra alors. Introduisez la confession en groupe, avec l'absolution en groupe. Dites aux gens que c'est par manque de prêtres.

Ordre n° 29 : laissez les femmes et les laïcs distribuer la communion. Dites que c'est le temps des laïcs. Commencez par donner la communion dans la main, comme les protestants, plutôt que sur la langue. Dites que le Christ l'a fait de la même manière. Rassemblez quelques hosties pour les "messes noires". Installez des distributeurs de communion et appelez-les "tabernacles". Dites que cela doit être donné de la paix. Encouragez les gens à se déplacer pour interrompre le recueillement et la prière. Ne fait pas de signe de croix, mais un signe de paix à la place. Dites que le Christ est aussi sorti pour saluer ses disciples. N'autorisez pas le recueillement pendant ce temps. Que les prêtres tournent le dos à l'eucharistie et rendent hommage au peuple.

Ordre n° 30 : Après l'élection de l'antipape, dissolvez les synodes des évêques ainsi que les associations de prêtres et les comités paroissiaux. Interdit à tous les ecclésiastiques de remettre en question de nouvelles directives sans autorisation. Dites que Dieu aime l'humilité et déteste ceux qui cherchent les honneurs. Accuse tous ceux qui posent des questions de désobéissance à l'autorité ecclésiastique. Décourage l'obéissance à Dieu. Dites aux gens qu'ils doivent obéir aux dirigeants de l'Eglise.

Ordre no 31 : Donnez au pape (antipape) le pouvoir suprême de choisir ses successeurs. Ordonnez, sous peine d'excommunication, à tous ceux qui aiment Dieu de porter la marque de la bête. Ne l'appelez pas "signe de la bête". Le signe de la croix ne doit plus être fait ou utilisé, sur ou par les hommes. Il ne doit plus être béni. Faire le signe de croix est alors qualifié d'idolâtrie et de désobéissance.

Ordre no 32 : Déclare faux les dogmes antérieurs, à l'exception du dogme de l'infaillibilité du pape. Dit aussi que Jésus-Christ était un révolutionnaire qui n'a pas réussi. Dit que le vrai Christ viendra bientôt. Les anti-papes doivent être obéis. Dites aux gens qu'ils doivent s'incliner lorsque son nom est prononcé.

Ordre n° 33 : ordonnez à tous les subordonnés de l'antipape de combattre dans des "saintes croisades" afin de répandre l'unique "religion mondiale". Satan sait où se trouve tout l'or perdu. Conquérir impitoyablement le monde ! Cela apportera à l'humanité ce à quoi elle a toujours aspiré : L'âge d'or de la paix. Fin de l'édit maçonnique contre l'Église catholique. En mars 1962 (/Google).

L'origine de ces ordres n'est pas claire. Le nom du Grand Maître est inconnu. Ce qui est indiscutable, c'est que ces ordres ne viennent pas du SAINT-ESPRIT. Ils proviennent des ennemis de l'Église et ont été exécutés par leurs auxiliaires, ordre après ordre. Tous sont frappés par la malédiction.

11. 7 Les attaques de l'enfer contre l'Église et la naissance de la secte conciliaire

Attaque 1 : l'islam

Au 5e siècle, l'islam s'est soulevé et a prêché le Coran avec l'épée. L'archange Gabriel, aurait dicté le Coran à Mahomet. L'Évangile de l'Éternel et le Coran sont deux enseignements totalement opposés.

L'Évangile enseigne l'amour du prochain et des ennemis et l'indissolubilité du mariage.

Le Coran enseigne de tuer les infidèles et d'organiser le mariage comme un bordel.

L'auteur de cet enseignement contradictoire serait l'archange Gabriel, qui a annoncé la naissance de l'Éternel à la Mère de Dieu. Les anges de Dieu ne peuvent pas s'opposer à l'enseignement de Dieu. Seuls les anges déchus et leurs agents peuvent s'opposer à la doctrine divine.

L'islam a détruit le christianisme par l'épée en Afrique et dans le monde arabe. Aujourd'hui, les pays anciennement chrétiens détruisent la foi chrétienne en ouvrant toutes les portes à l'islam. Qui pense alors à nos petits-enfants ?

Roncalli a enseigné que les chrétiens et les musulmans prient le même Dieu. Nous avons vu que la Bible et le Coran ne sont pas comparables. La Vierge a dit : "Après la grande purification, les musulmans, avec leur amour de Dieu, dépasseront de loin les chrétiens et leur feront honte".

Attaque 2 : Martin Luther et la Réforme

Au 14ème siècle, le prince du monde a inspiré au pape et aux évêques de compléter la confession par des indulgences. Il n'y avait aucun ordre de la part du Seigneur de collecter de l'argent pour son Église, et encore moins de le faire pour la rémission des péchés. Le Seigneur a enseigné et vécu la modestie et la miséricorde.

Le pardon des péchés n'intervient qu'après repentance et bonne intention. L'idée des indulgences était une affaire avec le diable et ne venait pas du SAINT-ESPRIT. Elle a conduit à la division de l'Église et à la guerre de Trente Ans. Les papes ont échoué ici parce qu'ils avaient perdu de vue la mission du Seigneur. Ils vivaient comme des princes séculiers, se prélassaient dans leur pouvoir et cultivaient un luxe coupable.

Une réforme de l'Église n'était et n'est pas nécessaire, car la mission de l'Éternel n'a jamais changé et ne changera jamais. Seuls les hommes changent d'avis. L'ordre est le suivant : "Et enseignez-leur à observer tout ce que je vous ai prescrit" (Mt. 28:20).

Avec la Réforme, Satan a réussi à abolir le sacerdoce et les sacrements chez les protestants, ce qu'il a également réussi à faire dans la secte conciliaire.

Avec l'introduction de l'ordination épiscopale invalide, en 1969, Satan a de nouveau réussi.

Satan a créé la confusion avec la doctrine de la justification. Dans l'Évangile, il semble y avoir une lacune. Martin Luther, moine augustin et professeur de théologie, a déclaré que tous les hommes ont été rachetés par la mort du Seigneur sur la croix. L'Éternel a-t-il vraiment racheté toutes les âmes ? Y a-t-il un châtiment éternel ? L'Éternel avait bien sûr répondu à ces questions pour les apôtres. Nous y reviendrons plus tard.

Le sang de l'Éternel n'a pas été versé pour "tous", comme l'enseignent les protestants et la secte conciliaire, mais pour les âmes des justes qui languissaient dans les limbes en attendant leur rédemption, c'est-à-dire "pro multis / pour beaucoup" comme l'enseigne l'Église catholique depuis 2.000 ans. Aucun habitant de l'enfer n'a été racheté. Pour une secte, cette question n'a aucune importance. Sans prêtre, ils n'ont pas le corps et le sang de l'Éternel. Ce fut le succès décisif de Satan dans la Réforme.

Attaque 3 : "Pape Jean XXIII "1958-1963 Franc-maçon de haut rang sur le siège de Pierre

Lorsqu'une structure de pouvoir comme celle des francs-maçons a un plan, ce n'est qu'une question de temps avant que les plans ne soient exécutés. Nous nous souvenons des paroles de Rudolf Steiner : "Nous avons encore besoin d'un concile et de quelqu'un qui le proclame".

Le 24 juin 1917, le jour de la Saint-Jean, les francs-maçons ont exigé sur la place Saint-Pierre : "Satan doit régner au Vatican et le pape doit être son esclave".

Le 28 octobre 1958, le cardinal Angelo Guiseppe Roncalli, fut élu 261e pape de l'Eglise catholique romaine. Il s'appelait JEAN XXIII.

On savait de Roncalli que, en tant que nonce à Paris, il fréquentait chaque semaine la loge maçonnique.

En 2014, le franc-maçon du plus haut grade, Gioele Magaldi, nous a permis d'en savoir plus sur les activités de Roncalli en tant que franc-maçon.

Avec cinq autres francs-maçons de très haut niveau, Magaldi a écrit le livre "La scoperta delle Ur-Lodges", dans lequel il est rapporté que le cardinal Roncalli était initié dans deux loges.

Johannes Rothkranz a traduit le livre de Magaldi et l'a publié sous le titre "Superlogen regieren die Welt" en 8 parties, en 1916. On y apprend que "les loges primitives avaient prévu de soutenir en Amérique un catholique non franc-maçon à la présidence, en échange de quoi un franc-maçon de haut grade devait assumer la fonction de pape".

Le maçon de très haut niveau Angelo Guiseppe Roncalli fut élu au Vatican en 1958 et John F. Kennedy en 1961 en Amérique.

Nous lisons également chez Rothkranz :

"Il (Magaldi) a par exemple salué le Concile Vatican II comme la réalisation de (presque) tous les souhaits maçonniques. Ce n'est pas étonnant, selon lui, puisqu'il a été préparé et convoqué par le franc-maçon du plus haut grade, Angelo Roncalli, alias le pape Jean XXIII, initié dans deux loges primitives différentes".

La presse et toutes les institutions de l'Eglise sont restées totalement silencieuses sur cette information scandaleuse de Gioele Magaldi, selon laquelle Jean XXIII était initié en tant que franc-maçon de haut degré dans deux loges primitives. Elles sont toutes sous la coupe de la franc-maçonnerie. Aucun évêque n'a osé prendre position à ce sujet. Ainsi, Vatican II doit être abandonné, probablement dans la décharge de l'histoire.

Jean XXIII avait maintenant, en tant que franc-maçon de haut grade et

"faux pape", a eu 5 ans pour préparer, en obéissant fidèlement à ses mandants, le concile que Rudolf Steiner avait prévu et souhaité dès 1910. Magaldi parle de la réalisation de tous les souhaits maçonniques. Comme on le sait, les francs-maçons souhaitent la destruction de l'Église catholique romaine, comme le montrent les plans présentés ci-dessus. Le sacerdoce est l'objectif de cette destruction. Sans prêtre, pas de sacrements.

Lors d'un concile, il est possible de poser les jalons pour amorcer la destruction de l'Église. En choisissant une question habile, comme celle de la liberté religieuse, on peut attirer les évêques dans un piège d'hérésie, en faisant voter les évêques, contre l'enseignement des papes (hérésie/peine de délit). Ce serait une victoire totale pour les francs-maçons et Satan.

L'Église catholique est liée aux commandements de Dieu et à l'enseignement du Seigneur.

Celui qui veut rester catholique doit suivre l'enseignement des papes et rejeter la liberté religieuse. Celui qui accepte ou enseigne la liberté religieuse est un hérétique et se trouve en dehors de l'Église. C'est exactement ce que faisait la secte conciliaire. Canon 1364 § 1

Le canon 751 du droit canonique dit ceci :

"On appelle hérésie la négation persistante, après avoir reçu le baptême, d'une vérité à croire en vertu de la foi divine et catholique, ou un doute persistant sur une telle vérité de foi ;

L'apostasie est le rejet de la foi chrétienne dans son ensemble ;

Le schisme est le refus de la soumission au pape ou de la communion avec les membres de l'Église qui lui sont soumis".

En vertu de son infaillibilité dans le magistère, la liberté religieuse a été condamnée par les papes suivants comme une hérésie condamnable. Il ne nous appartient pas de juger et d'examiner les arguments des papes. En tant que croyants, nous devons obéir.

1 .Pie VI (1775-1799) Encyclique "Quod

   Aliquantum" du 10.3.1791

2. Grégoire XVI (1803-1846) Encyclique

   "Mirari Vos" du 15.8.1832

3 .Pie IX (1846 -1878) Encyclique

  "Quanta cura" et "Syllabus Errorum".

   toutes deux du 8.12.1864

 4 .Léon XIII (1878-1903) Encyclique

   "ImmortalDie" du 1.11.1885

5. PieX.(1903-1914) Encyclique "Pascendi Dominici " du 8.9.1907.

Tout catholique doit accepter cet enseignement des papes. Celui qui rejette cet enseignement n'est pas catholique. Le catholique doit cependant réfléchir aux raisons pour lesquelles les papes ont rejeté et condamné la liberté religieuse. L'Église catholique et apostolique fondée par Jésus de Nazareth, est exclusivement engagée envers son enseignement divin.

Jésus n'a jamais discuté de son enseignement avec les scribes ou les autres croyants. La liberté religieuse est un moyen de combat des francs-maçons pour détruire l'Église. La tradition sacrée et l'enseignement de l'Église ne sont pas en accord avec la liberté religieuse, car la liberté religieuse n'a jamais fait partie de la tradition et de l'enseignement de l'Église.

Les "successeurs dans la foi" sont Pierre et les évêques de Rome, tant qu'ils gardent la foi inchangée. S'ils changent la foi par de nouvelles doctrines, ils deviennent, comme Judas, des traîtres à Dieu. Et nous nous souvenons que "la foi en Dieu, l'idée de Dieu, peut être tuée. Et c'est ainsi que l'on commet un déicide qui est beaucoup moins réparable, puisqu'il n'est pas suivi d'une résurrection".

Attaque 4 : "Le pape Jean XXIII". Le concile Vatican II 1963-1965 et le piège de l'hérésie

La Vierge de Bayside, a fait à la voyante Veronica Lueken, (Google) également des déclarations sur le Concile :

"Je vous ai avertis il y a de nombreuses années que Satan entrerait dans la maison de Mon Fils, mais vous ne l'avez pas écouté ! Maintenant, il est à l'intérieur ! L'obscurité est un aveuglement du cœur ! Oui, vous pouvez être mis en état d'approuver l'erreur ! Vous pouvez être amenés à ne plus reconnaître la vérité à cause de la confusion" (17.6.1971).

C'est effectivement ce qui s'est passé lors du Concile de 1963-1965.

Plus tard, elle ajouta : "La conspiration de l'erreur et de la tromperie se trouve dans le plan de Satan, le dominateur des ténèbres, pour détruire la maison de mon Fils et pour établir une seule union mondiale, une seule Église de Dieu, qui sera impie". (25.7.1974).

Le rêve de François !

Plus loin, la Vierge à Bayside : "Satan domine maintenant de nombreux postes de direction à Rome". (21.8.1974) Et : "A Rome, mes enfants, il y a une grande lutte de pouvoir - un appareil gouvernemental contrôlé par Satan". (15.5.1976)

La Vierge continue à parler de cardinaux qui collaboraient directement avec Paul VI :

"Mon enfant, ils sont trois à s'être livrés à Satan ! Vous ne recevez pas la vérité dans votre pays et dans le monde ! Votre vicaire est un prisonnier (Paul VI) !

Antonio Cassaroli, tu te condamnes toi-même à l'enfer !

Giovannni Benelli, quel chemin as-tu pris ? Tu es sur le chemin de l'enfer et de la damnation !

Villot, chef du mal, éloigne-toi de ces traîtres ; tu n'es pas inconnu du Père éternel ; tu pactises avec la synagogue de Satan (franc-maçon) Crois-tu ne pas devoir payer pour la destruction des âmes, dans la maison de Mon Fils ?"! (27.9.1975)

La Vierge parle d'un double du pape Paul VI. De toute évidence, une dissemblance est perceptible entre les deux personnes, tant au niveau linguistique que sur certaines photos.

A propos du Concile, la Sainte Vierge a encore dit ceci à Bayside :

"Je vous répète, Mes enfants, comme je vous l'ai déjà dit, que le grand Concile Vatican II a été un échec. Le Concile Vatican II a été influencé par Satan. Il était assis là parmi vous et agissait sur vous comme dans un jeu d'échecs". (15.5.1976)

.Le franc-maçon de très haut grade Jean XXIII avait pour mission de préparer le Concile selon les ordres de la Loge.

Ceux qui s'étaient soumis au service de Satan se tenaient à ses côtés, avec un pouvoir particulier.

Comme nous l'avons déjà dit, la liberté religieuse était pour les papes du XIXe siècle une hérésie condamnable. C'est pourquoi les serviteurs de Satan ont préparé une déclaration qui devait contredire la doctrine en vigueur. C'était le piège de l'hérésie pour les Pères de l'Eglise. Préparée avec ruse par la Loge. Si les Pères de l'Eglise votent contre les enseignements des papes du XIXe siècle, ils tombent automatiquement sous le coup de l'interdit ecclésiastique en tant qu'hérétiques et schismatiques (voir Canon 1364 § 1).

Le 7 décembre 1965, le dernier jour du Concile, a eu lieu le vote sur Dignitiatis Humanae (déclaration sur la liberté religieuse). Le diable a ici habilement embrouillé les évêques. 2.470 Pères de l'Eglise avaient le droit de vote au Concile. 2.400 Pères de l'Eglise ont condamné l'enseignement du Saint-Esprit et de 5 papes, en ce qui concerne la liberté religieuse.

Il s'agissait d'une hérésie formelle. Il faut s'arrêter ici, stupéfaits, et réfléchir à ce qui s'est passé. Diabolus et ses démons ont manifestement pris la tête du concile et ont brisé l'intelligence des pères de l'Église. Le SAINT-ESPRIT peut-il révoquer son enseignement (liberté religieuse) ?

Les successeurs des apôtres, auxquels le Seigneur a dit "enseignez à garder tout ce que je vous ai commandé", se révoltent contre l'enseignement du SAINT-ESPRIT et des papes. Pour comprendre ce qui s'est passé le 7.12.1965, au Concile, il suffit de se rappeler les promesses faites par les évêques infidèles et sans honneur.

1. Le serment de couronnement des papes

2. Le serment antimoderniste

3. La consécration des évêques

Suite à cette révolution au sein du Concile, un schisme est apparu. 2.400 évêques "infidèles" sont excommuniés instantanément par la peine de mort. La liberté religieuse est un fondement important des francs-maçons, pour la construction de l'Eglise universelle "sans Dieu". Le 7.12.1965, c'est la naissance de la secte conciliaire.

Rien ne peut justifier le vote des 2400 évêques. Certains étaient probablement pieux. Ils ont été victimes de l'infiltration maçonnique. Ici, on prétendait que le pape était infaillible et que si le pape, éclairé par le Saint-Esprit, reconnaissait que l'enseignement de ses prédécesseurs en matière de liberté religieuse était faux, alors il fallait voter avec le pape pour la liberté religieuse. C'est la confusion satanique qui a dominé le concile. Dieu ne change jamais ses décisions, et un évêque doit le savoir.

Quel est le péché contre le Saint-Esprit ?

Dans "L'HOMME DE DIEU", tome V, page 121 : le Seigneur dit : "Je vous le dis :

"Tout sera pardonné à l'homme, chacun de ses péchés et de ses blasphèmes ; car Dieu sait que l'homme n'est pas seulement d'esprit, mais aussi de chair, et d'une chair qui est éprouvée et sujette à de brusques faiblesses. Mais le blasphème contre l'esprit ne sera pas pardonné. Celui qui a parlé contre le Fils de l'homme sera encore pardonné, car le poids de la chair qui m'enveloppe et qui enveloppe l'homme qui parle contre moi peut encore conduire à l'erreur. Mais celui qui a parlé contre le Saint-Esprit ne sera pas pardonné, ni dans cette vie ni dans la vie future, car la vérité est claire, sainte, indéniable, et elle est imprimée dans l'esprit d'une manière qui ne peut pas conduire à l'erreur. Ceux qui veulent expressément l'erreur se trompent. Nier la vérité prononcée par le Saint-Esprit, c'est nier la parole de Dieu et l'amour que cette parole a donné par amour pour les hommes. Et le péché contre l'amour n'est pas pardonné".

Les auxiliaires de Satan au Vatican ont été consolidés par le concile hérétique. Maintenant, le sacerdoce et le Missel romain doivent être immédiatement abolis. En 1846, la Mère de Dieu se lamentait à La Salette : "Rome "perdra" la foi et deviendra le siège de l'Antéchrist". Elle parlait de l'avenir. On peut en déduire qu'en 1846, Rome avait encore la vraie foi et que les papes du XIXe siècle, enseignaient la vraie foi.

Après Vatican I, tous les "croyants" qui ne voulaient pas accepter les décisions (dogmes) ont été excommuniés, comme cela s'est produit chez les vieux-catholiques. La même situation s'est produite à Vatican II. 2400 évêques et Paul VI, condamnèrent l'enseignement des papes du XIXe siècle, détruisant ainsi l'unité dans la foi et fondant la secte conciliaire. La conséquence en droit canonique est l'excommunication des rebelles, dans la mesure où cela n'était pas déjà arrivé auparavant. Seuls 70 évêques sont restés fidèles.

Dans sa bulle du 28 avril 1734, le pape Clément XII condamne la franc-maçonnerie. Dans son exhortatio (exhortation), il met en garde contre tout contact visant à les aider ou à les approvisionner, ou encore à coopérer secrètement ou indirectement avec ces groupes.

Sous la menace d'un bannissement sévère (exclusion de l'église), Clément interdit à tous les chrétiens de les fréquenter, aucune absolution ne pouvant être accordée en cas de non-respect. Il n'y a aucune raison de penser que cette interdiction a été levée.

La secte conciliaire, fondée le 7 décembre 1965, est entièrement hérétique et dominée par les francs-maçons. Cela devrait être particulièrement clair après que les 33 ordres du Grand Maître aux évêques francs-maçons aient été réalisés dans l'Église. Selon le droit canon en vigueur, tous les serviteurs de la Loge sont en dehors de l'Église catholique. Ils font partie de la secte conciliaire. Une secte ne peut jamais faire partie de l'Église catholique. Un non-croyant ne peut pas devenir pape.

Attaque 5 : "Le pape Paul VI". , La nullité de l'ordination épiscopale en 1968.

Si au Concile, par le "piège de l'hérésie". a permis d'"éliminer" 2.400 évêques, il fallait maintenant empêcher que de nouveaux évêques soient ordonnés. Pour ce faire, il a fallu modifier la forme de l'ordination épiscopale de manière à ce que la consécration soit invalide, mais que ce fait ne soit pas remarqué par les fidèles. Les explications suivantes ne s'appliquent qu'à la forme de consécration dans les pays germanophones.

Les anciennes consécrations étaient dignes, compréhensibles et surtout, indiscutables quant à leur validité.

La demande de modifier la consécration épiscopale n'était pas le souhait de cardinaux pieux qui voulaient ici obtenir une amélioration ou un approfondissement de la consécration épiscopale. Non, cette demande émanait des auxiliaires de Satan. Arrivés au pouvoir au Vatican, ils devaient maintenant épuiser toutes les possibilités pour atteindre leur objectif. Ils voulaient et devaient détruire l'arme redoutable qu'est la prêtrise de l'Église catholique.

Les théologiens peuvent bien débattre de la question de la validité de la forme d'ordination modifiée. Satan sait exactement ce qui conduit à une consécration épiscopale invalide.

Si Dieu est bafoué dans une formule de consécration, celle-ci n'est pas valide. La nouvelle forme de consécration est une moquerie de Dieu. Et ne vient pas du SAINT-ESPRIT. Depuis juin 1968, Paul VI a rendu obligatoire la consécration des évêques selon la forme de consécration suivante.

"Répands maintenant sur ton serviteur, que tu as choisi, la force qui émane de toi, l'esprit de direction. Tu l'as donné à ton Fils bien-aimé, Jésus-Christ, et il l'a conféré aux apôtres. Ils ont fondé l'Église en divers lieux comme ton sanctuaire, pour la gloire et la louange incessante de ton nom".

Ici, le SAINT-ESPRIT, la Troisième Personne Divine, devient une force qui émane de Dieu. Probablement un blasphème contre la très sainte Trinité. La Sainte Église prie dans la préface de la Très Sainte Trinité :

"Avec ton Fils unique et le Saint-Esprit, tu es un DIEU, un Seigneur : non pas dans l'unicité d'une personne, mais dans la trinité d'une entité.... Et ainsi, en louant le DIEU vrai et éternel, nous adorons la diversité dans la personne, l'unité dans la nature, l'égalité dans la majesté".

Johannes Rothkranz, explique dans son livre "Die dreifache Ungültigkeit der neuen Bischofsweihe" (La triple nullité de la nouvelle ordination épiscopale) Verlag Anton A. Schmid, D 87467 Durach, ISBN 978-3-938235-61-4 :

"La nullité de la "nouvelle consécration épiscopale" repose sur trois raisons différentes, dont chacune entraîne déjà à elle seule la nullité:

a) Sa matière n'est pas reconnaissable, elle n'existe donc pas dans les faits.

b) Sa forme ne désigne en aucune manière l'effet de la grâce.

c) Leur forme est hérétique et donc gravement blasphématoire.

Depuis 1968, aucune ordination épiscopale valide n'a été effectuée par la secte conciliaire. En conséquence, les ordinations sacerdotales effectuées par ces "évêques" ne sont pas valides. Pas de prêtres, pas de sacrements. Peut-on garder le silence face à ces faits accablants ? Une ordination valide peut-elle résulter d'un blasphème planifié par les francs-maçons et soutenu par les "évêques" ?

La forme de consécration, de l'Église catholique, est la suivante :

"Aie pitié, ô Seigneur, de nos ferventes supplications, et incline sur ce serviteur qui est à toi la corne d'abondance de la grâce sacerdotale, et répands-la sur lui avec la puissance de ta bénédiction. Par notre Seigneur Jésus-Christ, ton fils. Qui vit et règne avec toi dans l'unité du Saint-Esprit, Dieu d'éternité en éternité".

Outre le jugement des théologiens, nous devons également faire attention à notre propre opinion. Si Satan a réussi à placer ses instruments à la tête de l'Église, il lui est également possible d'obtenir la nullité de l'ordination épiscopale, si importante à ses yeux. La "triple" nullité en témoigne.

Une consécration épiscopale invalide implique toujours au moins deux personnes. L'évêque qui consacre et le candidat. Tous deux sont au courant des doutes concernant la validité de la consécration épiscopale. Ils doivent savoir que ce changement ne peut pas venir du Saint-Esprit. Tous deux acceptent ce doute accablant. Il en résulte une fraude irresponsable devant Dieu et les fidèles. L'évêque et le candidat participent à la destruction de la prêtrise.

Peut-on se taire face à ces faits accablants ? Non, on ne peut pas se taire. C'est un échec indescriptible des théologiens et des fidèles. La vérité doit être diffusée partout. Nous devons diffuser la vérité partout. C'est une œuvre de miséricorde. S'il vous plaît, aidez à le faire là où vous le pouvez. Une avalanche doit se produire pour convertir ou balayer tous les hérétiques (non-croyants) de la secte conciliaire. L'indifférence est un péché. Chacun a un devoir à cet égard.

L'exemple de l'évêque Wolfgang Haas, de Coire, illustre les effets de l'ordination épiscopale de 1968 dans la secte conciliaire. Wolfgang Haas est né en 1948 à Vaduz. Il a été ordonné prêtre en 1974 à Coire, par l'évêque Johannes Vonderach. Wolfgang Haas est devenu prêtre catholique en 1974. Mgr Vonderach a été ordonné évêque en 1962, avant le Concile, et a été le dernier évêque légitime de Coire. Son successeur, Wolfgang Haas, a été ordonné "évêque" par l'évêque Johannes Vonderach le 22 mai 1988. En 1988, l'évêque Vonderach était lié à la forme d'ordination invalide de 1968. Wolfgang Haas n'est donc pas devenu évêque. Il ne peut donc pas non plus ordonner de prêtres.

Jorge Mario Bergelio SJ, est né le 17.12.1936. Il a été ordonné prêtre le 13.12.1969. Il a été ordonné évêque le 27 juin 1992 par l'archevêque de Buenos Aires, Antoni Quarracino. En 1992, la forme d'ordination invalide était obligatoire et Bergelio n'est donc pas devenu évêque. Il ne peut pas ordonner de prêtres. En raison de ses liens avec la franc-maçonnerie, il est en dehors de l'Eglise catholique, mais, fermement ancré dans la secte conciliaire.

Vonderach, Haas et Bergolio ont approuvé les changements au sein de l'Eglise et ont été de ce fait, conformément au serment de couronnement, également frappés d'interdiction.

Ce sont des faits terribles, surtout pour les "faux prêtres" qui se sont fait ordonner à la légère. Ce qui est décrit ici est l'histoire vérifiable de l'Eglise. Elle est bien sûr connue de toutes les personnes concernées.

Avec la forme d'ordination des évêques, tous les autres sacrements ont également été modifiés dans le même sens. Le sacrement de la confession a disparu sans bruit avec les confessionnaux.

Les premiers communiants n'ont pas besoin de se confesser, car ils ne pèchent pas. C'est ce que les enfants apprennent aujourd'hui dans les cours de religion. Le sacrement de la mort a également été supprimé. Le nouveau rite du baptême se passe d'exorcisme. Le diable, selon la secte conciliaire, n'est qu'un délire d'ESPRITS malades. Le sacrement de la confirmation : la formule de don, de l'Église catholique, que le confirmand reçoit à genoux est la suivante :

"Je te vaincrai par le signe de la croix et je te confirmerai par le chrisme du salut. Au nom du Père et du Fils et du SAINT-ESPRIT, amen".

La formule de don, de la secte conciliaire, qui est prononcée sur le confirmand debout est la suivante :

"Sois scellé par le don de Dieu, le SAINT-ESPRIT".

Le SAINT-ESPRIT n'est pas un don de Dieu, mais la Troisième Personne Divine. A quel point les "évêques" doivent-ils être confus, aveugles et malades pour ne pas comprendre le sens le plus simple des mots et pour prononcer sans réfléchir la formule blasphématoire du don. Satan manipule le cerveau de ses serviteurs de manière à ce qu'ils ne soient plus en mesure de reconnaître la vérité.

Attaque 6 : "Pape Paul VI" Interdiction du Missale Romanum et introduction du repas du Seigneur, NOM

Le cardinal Giovanni Montini a également visité la loge à Paris et aurait été "inauguré" le même jour à Paris, avec Roncalli.

Paul VI fut, comme nous l'avons déjà mentionné, le dernier "pape" à prêter le serment de couronnement. Pour son "règne", il était prévu : L'introduction de la liberté religieuse, la suppression de l'ordination valide des évêques, et du Missale Romanum.

Conscient de ces crimes blasphématoires, Montini a prêté le serment de couronnement et s'est mis en interdit.

Par la bulle "Quo primum" du 17 juillet 1570, le pape Pie V a institué le Missale Romanum de manière uniforme et irrévocable pour l'Église. La bulle se termine par un avertissement :

"Mais si quelqu'un s'avisait d'y toucher, qu'il sache qu'il encourrait la colère de Dieu tout-puissant et de ses saints apôtres Pierre et Paul".

Le Concile de Trente enseigne

"Quiconque dit qu'à la messe on n'offre pas à Dieu un vrai et véritable sacrifice, ou que l'acte sacrificiel n'est rien d'autre que le Christ nous soit donné en nourriture, qu'il soit frappé d'anathème (exclusion de l'Église)".

Le 3 avril 1969, l'Institutio Generalis, du "pape" Paul VI, est entrée en vigueur et dit ceci :

"Le Repas du Seigneur ou la Messe est la sainte réunion ou l'assemblée du peuple de Dieu qui, sous la présidence d'un prêtre, se réunit pour célébrer le mémorial du Seigneur".

Tel est le nouvel enseignement de la secte conciliaire de Paul VI.

Pour le pape saint Pie V, l'acte du prêtre, une sainte messe, était un vrai et véritable sacrifice pour le Père céleste.

Pour Paul VI, la "messe" n'était plus sacrée, ce qui est sacré, selon Paul VI, c'est la réunion ou le rassemblement du peuple de Dieu pour célébrer le souvenir, la mort et la résurrection de notre Seigneur.

Le Missel romain n'a bien sûr jamais été "interdit". Le Vatican n'a jamais documenté une quelconque interdiction. Non, on a simplement introduit les missels du Novus Ordo Missae. Les prêtres ont dû utiliser ces nouveaux livres. Les prêtres qui, pour des raisons de conscience, refusaient le Novus Ordo Missae, n'étaient pas employés ou étaient excommuniés. C'est ainsi que Satan règne au Vatican !

Encore une fois, pour rappel, Vatican I 1869-1870 enseigne dogmatiquement :

"Aux successeurs de Pierre, le SAINT-ESPRIT n'a pas été promis pour qu'ils annoncent de nouvelles doctrines par son inspiration. Leur tâche consiste plutôt à garder consciencieusement et à interpréter fidèlement, avec l'assistance du SAINT-ESPRIT, les révélations transmises par les apôtres ou le dépôt de la foi qui leur a été confié".

La secte conciliaire ne se sent liée à aucun concile. Elle s'oppose à la tradition et au SAINT-ESPRIT.

Considérons les fruits que la secte conciliaire a portés depuis le Concile.

Les évêques, en tant qu'instruments de la Loge, ont docilement exécuté et mis en œuvre presque tous les 33 ordres du Grand Maître et ont ainsi créé une nouvelle secte dans l'esprit des francs-maçons. La secte conciliaire ne cause aucun problème à Satan. François dit : "Le pluralisme et la diversité des religions [...] sont voulus par Dieu dans sa sagesse".

Selon cette déclaration de François, les satanistes, et bien sûr la secte hérétique du Concile, font également partie des religions voulues par Dieu. François met dans le même sac l'admission et la volonté. François est bien "autorisé" par DIEU, mais pas sa volonté Ce qui correspond sans aucun doute à la sage volonté de DIEU, c'est le délit.:

"L'apostat, l'hérétique, le schismatique. s'attirent l'excommunication comme peine de fait".

Il n'y a pas besoin d'un tribunal, d'une accusation, le coupable s'inflige lui-même la peine de l'excommunication.

Les Saintes Écritures, les sacrements, le rite approuvé par le pape Pie V, la Tradition, le droit canon et le serment de couronnement constituent le fondement de l'Église catholique. Celui qui rejette une partie de ce fondement n'est pas catholique, mais sectaire. Les sectes n'ont ni prêtres ni sacrements. Depuis le schisme du 7.12.1965, sous Paul VI, la secte conciliaire a eu les dirigeants suivants :

Albino Luciano, Jean-Paul Ier 1978-1978

Karol Jozef Wojtyla, Jean-Paul II 1978-2005

Josef Aloisius Ratzinger, Benoît XVI 2005-2013

Jorge Mario Bergoglio, François 2013-

Tous n'étaient ni catholiques ni membres de l'Église catholique. La secte conciliaire est frappée de l'anathème divin de tous les papes qui ont prêté le serment de couronnement.

Selon l'ordre no 33 du Grand Maître, tous les subordonnés (des francs-maçons) doivent combattre dans des saintes croisades pour une religion mondiale.

Le "frère" obéissant Jean-Paul II a fait un essai avec la "Rencontre mondiale de prière pour la paix", le 27 octobre 1986 à Asissi. Bouddha prit place sur le maître-autel de l'église franciscaine d'Assise. Ce ne fut pas un succès. Peu de temps après le spectacle, le plafond s'est effondré sur le maître-autel, tuant trois franciscains.

"Frère" François a également entrepris la croisade. C'est dans le cadre de cette mission qu'il a voulu participer à la Journée mondiale des Églises à Genève en 2018. La Journée mondiale des Églises est un regroupement de sectes chrétiennes. L'Église catholique n'en est pas "encore" membre. Que ferait donc François chez les sectaires ? Mais bien sûr, il a pour mission d'annoncer aux sectes, la vraie foi. Le diocèse de Fribourg/Suisse a dû dépenser 500.000,-- francs pour ce "voyage missionnaire". Seulement, François n'a pas fait la promotion de la vraie foi, pas un mot. Il a encouragé les sectes dans leur travail et a voulu savoir comment on pouvait servir le monde ensemble. François aurait pu clarifier cela par un message vidéo et aurait épargné des soucis financiers au diocèse de Fribourg. Mais, grâce à sa présence, François a pu se présenter comme président de la Journée mondiale des Eglises. Dans le secteur privé, cet acte serait considéré comme un "détournement de fonds". Mais, les serviteurs de la loge ne sont soumis à aucune loi.

François se bat avec acharnement pour la religion mondiale souhaitée par les francs-maçons, qui sera sans Dieu. Les coûts n'ont ici aucune importance.

12. Le serment antimoderniste du pape Pie X.

Moi, N.N., j'embrasse fermement et j'accepte en bloc ce qui a été défini, affirmé et déclaré par le magistère sans erreur de l'Eglise, en particulier les chapitres doctrinaux qui s'opposent directement aux erreurs de ce temps.

Premièrement, je confesse que Dieu, l'origine et la fin de toutes choses, peut être connu avec certitude et même prouvé par la lumière naturelle de la raison "par ce qui a été fait" (Rm 1,20), c'est-à-dire par les œuvres visibles de la création, en tant que cause par le moyen des effets.

Deuxièmement, j'admets et je reconnais les preuves extérieures de la révélation, c'est-à-dire les actes divins, et en premier lieu les miracles et les prophéties, comme des signes tout à fait sûrs de l'origine divine de la religion chrétienne, et je constate que ces mêmes signes sont parfaitement adaptés à la compréhension de toutes les générations et de tous les hommes, même de notre temps.

Troisièmement, je crois également avec une foi ferme que l'Église, gardienne et enseignante de la Parole révélée, a été directement et immédiatement instituée par le Christ véritable et historique lui-même, alors qu'il vivait parmi nous, et qu'elle a été édifiée sur Pierre, prince de la hiérarchie apostolique, et ses successeurs pour l'éternité.

Quatrièmement : Je suppose sincèrement que la doctrine de la foi a été transmise jusqu'à nous par les apôtres, par l'intermédiaire des pères orthodoxes, dans le même sens et toujours dans la même signification, et c'est pourquoi je rejette totalement l'invention hérétique d'une évolution des doctrines de la foi, qui passeraient d'un sens à un autre, différent de celui que l'Église a retenu autrefois ; et je condamne de même toute erreur par laquelle on substitue au dépôt divin, confié à l'épouse du Christ et qu'elle doit garder fidèlement, une invention philosophique ou une création de la conscience humaine, progressivement façonnée par l'effort des hommes et appelée à se perfectionner à l'avenir dans un progrès illimité.

Cinquièmement, je tiens pour certain et je confesse sincèrement que la foi n'est pas un sentiment religieux aveugle qui jaillit des recoins du subconscient sous l'impulsion du cœur et l'inclination d'une volonté moralement formée, mais le véritable consentement de l'intelligence à la vérité reçue de l'extérieur sur la base de l'écoute, par laquelle nous croyons en effet, en raison de l'autorité du Dieu très véridique, que ce qui a été dit, attesté et révélé par le Dieu personnel, notre Créateur et Seigneur, est vrai.

Je me soumets également avec la révérence qui s'impose et j'adhère de tout cœur à toutes les condamnations, déclarations et prescriptions contenues dans l'encyclique "Pascendi" et dans le décret "Lamentabili", surtout en ce qui concerne la soi-disant histoire des dogmes. De même, je rejette l'erreur de ceux qui prétendent que la foi proposée par l'Église peut aller à l'encontre de l'histoire et que les doctrines de la foi catholique, dans le sens où on les comprend actuellement, ne peuvent être conciliées avec les véritables origines de la religion chrétienne.

Je condamne et rejette également l'opinion de ceux qui disent que l'homme chrétien le plus instruit joue un double rôle, d'une part celui du croyant, d'autre part celui de l'historien, comme s'il était permis à l'historien de retenir ce qui contredit la foi du croyant, ou d'établir des prémisses d'où il résulte que les doctrines de la foi sont soit fausses, soit douteuses, pourvu seulement qu'elles ne soient pas directement niées.

Je rejette également la méthode d'évaluation et d'interprétation de l'Écriture Sainte qui, au mépris de la tradition de l'Église, de l'analogie de la foi et des normes du Siège apostolique, se rallie aux inventions des rationalistes et reconnaît - non moins effrontément que légèrement - la critique textuelle comme règle unique et suprême.

En outre, je rejette l'opinion de ceux qui prétendent qu'un maître qui enseigne une discipline historique théologique ou qui écrit sur ces sujets doit d'abord abandonner l'idée préconçue de l'origine surnaturelle de la tradition catholique ou de l'aide promise par Dieu pour la conservation permanente de toute vérité révélée ; ensuite, il doit interpréter les écrits des différents Pères, à l'exclusion de toute autorité sacrée, uniquement selon les principes de la science et avec la même liberté de jugement que celle avec laquelle on a l'habitude d'étudier tous les documents profanes.

Enfin, d'une manière générale, je me déclare totalement étranger à l'erreur par laquelle les modernistes prétendent qu'il n'y a rien de divin dans la tradition sacrée, ou, ce qui est bien pire, l'admettent dans un sens panthéiste, de sorte qu'il ne reste plus que le simple et simple fait, assimilable aux faits généraux de l'histoire, à savoir que des hommes, par leur industrie, leur habileté et leur esprit, ont continué à travers les générations successives l'enseignement commencé par le Christ et ses apôtres.

C'est pourquoi je tiens fermement et je maintiendrai jusqu'au dernier souffle de ma vie la foi des pères en la grâce certaine de la vérité qui est, a été et sera toujours dans "la succession de l'épiscopat depuis les apôtres" ; non pas pour que soit retenu ce qui pourrait sembler meilleur et plus approprié selon la culture de chaque époque, mais pour que soit comprise la vérité inconditionnelle et immuable proclamée dès le début par les apôtres "jamais crue autrement, jamais autrement".

Je fais le vœu d'observer fidèlement, intactement et sincèrement tout cela et de le garder inviolablement, en ne m'en écartant en aucune occasion, ni dans l'enseignement, ni dans aucune forme orale ou écrite. Je fais donc ce vœu, je fais ce serment, avec l'aide de Dieu et de ces saints évangiles de Dieu.

13. l'ordination épiscopale avant Vatican II

Voici l'ordination épiscopale, du 24.1.1937, lorsque François de Streng, à Olten, a reçu le sacrement de l'ordination épiscopale. Tout évêque validement ordonné est dans la succession directe des apôtres.

Rite d'ordination I. Préparation

    1. mandat apostolique

2. examen du candidat

a) sur les devoirs

Consécrateur : L'antique coutume des saints Pères enseigne et exige que celui qui est élu au rang d'évêque soit d'abord examiné avec le plus grand soin et avec toute la charité possible sur sa foi en la Sainte Trinité. Il faut l'interroger sur les différents devoirs qui correspondent à ce ministère et auxquels il faut s'attacher, selon la parole de l'apôtre : "N'impose les mains à personne de manière prématurée". On enseignera aussi au candidat à l'ordination comment il doit se comporter dans l'Église de Dieu lorsqu'il est investi d'un tel ministère. Ceux qui lui imposent les mains doivent être irréprochables. En vertu d'une telle autorité, et conformément au règlement, nous te demandons, frère bien-aimé, avec un amour sincère, si tu feras appel à toute la prudence qui t'est propre pour pénétrer le sens profond des Écritures.

Le candidat : Levez-vous et parlez :

De tout mon cœur, j'approuverai et j'obéirai en tout.

Cons. : Veux-tu enseigner au peuple pour lequel tu es consacré, par la parole et par l'exemple, ce que tu as saisi dans les Saintes Ecritures ?

Cand : Je le veux.

Cons. : Veux-tu observer fidèlement les traditions des pères orthodoxes, les décisions et les ordonnances concernant les devoirs ?

Cand : Je veux

Cons. : L'ancienne coutume des saints Pères enseigne et exige que celui qui est appelé au rang d'évêque du saint siège apostolique recevra respectueusement tous les enseignements, les enseignera et les observera lui-même ?

Kand : Je le veux.

Cons. : Feras-tu preuve de fidélité, de soumission et d'obéissance en tout à l'apôtre saint Pierre, à qui Dieu a donné le pouvoir de lier et de délier, et à son gouverneur, notre Seigneur, le pape Pie et ses successeurs, les évêques romains, comme l'exige le droit catholique ?

Kand : Je le veux.

Cons. : Veux-tu t'abstenir de tout mal dans ta conduite et te perfectionner autant que tu le peux, avec l'aide de Dieu ?

Kans : Je le veux.

Cons. : Veux-tu garder la chasteté et la sobriété ?

garder et enseigner avec l'aide de Dieu ?

Kand : Je le veux.

Cons. : Veux-tu toujours t'absorber dans ta vocation divine et te tenir à l'écart des affaires terrestres et des gains médiocres, dans la mesure où l'infirmité humaine le permet ?

Cand : Je le veux.

Cons. : Veux-tu pratiquer toi-même l'humilité, la patience et les enseigner aux autres ?

Cand : Je le veux.

Cons. : Veux-tu être affable et miséricordieux envers les pauvres, les étrangers et tous ceux qui sont dans le besoin, à cause du nom de Dieu ?

Cand : Je le veux.

Cons. : Que le Seigneur t'accorde tout cela et tout autre bien, qu'il te garde et t'affermisse en toute vertu.

Tous : Amen.

Cons. : Crois-tu au Seigneur Jésus-Christ qui, le quarantième jour après sa résurrection, est monté au ciel avec le corps dans lequel il est ressuscité et avec l'âme, et qui est assis à la droite du Père. De là, il viendra pour juger les vivants et les morts, pour rendre à chacun selon ses œuvres, bonnes ou mauvaises ?

Kand : Je suis d'accord, et ainsi je crois en tout.

Cons. Crois-tu aussi au Saint-Esprit, en tant que Dieu plein, parfait et vrai, qui procède du Père et du Fils, qui est égal et de même nature, également tout-puissant, également éternel et en tout le Père et le Fils ?

Cand : je suis d'accord et ainsi je crois en tout. Examen de la foi

Cons. : Crois-tu, selon ton intelligence et ta compréhension, en la Sainte Trinité, le Père, le Fils et le

Saint-Esprit, Dieu unique et tout-puissant, et que toute la divinité est, dans la Sainte Trinité, de même être, de même essence, également éternelle, également toute-puissante, d'une seule volonté, d'une seule puissance et majesté, créatrice de toutes les créatures, de qui tout, par qui tout, en qui tout est, ce qui est dans le ciel et sur la terre, visible et invisible, corporel et spirituel ?

Kand : Je suis d'accord et c'est ainsi que je crois.

Cons. : Crois-tu que chaque personne de la Sainte Trinité est un vrai Dieu, plein et parfait ?

Kand : Je crois.

Cons. : Crois-tu que le Fils de Dieu, né de toute éternité du Père en tant que Verbe de Dieu, de même essence, de même toute-puissance, égal en tout au Père dans la divinité, est né dans le temps du SAINT-ESPRIT de Marie, la Vierge perpétuelle, avec une âme raisonnable ? Qu'il a donc eu deux naissances, l'une éternelle du Père, l'autre temporelle de la mère ? Qu'il est vrai Dieu et vrai homme, indépendant et parfait dans les deux natures ; qu'il n'a pas été adopté en tant qu'enfant, ni eu un corps fictif, mais qu'il est le seul et unique Fils de Dieu en deux et de deux natures, mais dans l'unité d'une seule personne ; qu'il est capable de souffrir et immortel selon sa divinité, mais qu'il a souffert comme homme pour nous et pour notre salut par une vraie passion dans la chair, qu'il a été enseveli et qu'il est ressuscité des morts le troisième jour par une vraie résurrection dans la chair ; que

Kand : Je crois.

Cons. : Crois-tu que cette Sainte Trinité n'est pas trois dieux, mais un seul Dieu, le tout-puissant, l'éternel, l'invisible et l'immuable ?

Cand : Je crois.

Cons. : Crois-tu que la sainte Église catholique et apostolique est l'unique et véritable Église, dans laquelle il y a un véritable baptême et une véritable rémission des péchés ?

Cand : Je crois.

Cons. **: Maudis-tu aussi toute hérésie qui s'élève contre la sainte Église catholique** ?

Kand **: Je maudis.**

Cons. Crois-tu aussi à la vraie résurrection de la même chair que celle que tu portes maintenant, et à la vie éternelle ?

Cand : Je crois.

Cons. : Crois-tu aussi que le Nouveau et l'Ancien Testament, la Loi, les prophètes et les apôtres ont un seul auteur ? Dieu, le Seigneur tout-puissant ?

Cand : Je crois.

Cons. : Que le Seigneur, le frère le plus fidèle en Christ, t'augmente cette foi pour le salut véritable et éternel.

Tous : Amen

La consécration proprement dite

Enseignement

Cons. : Que l'évêque juge, interprète, consacre, ordonne, sacrifie, baptise et confirme.

Cons. : Prions, frères fidèles, pour que la bonté du Dieu tout-puissant prévoie ce qui est bon pour le bien de l'Église, et qu'il accorde à cet élu les richesses de sa grâce. Par le Christ, notre Seigneur. Tous : Amen

Les litanies de la Toussaint

L'imposition des mains : Accipe Spititum sanctum

Prière de consécration eucharistique

Cons. : Aie pitié, Seigneur, de nos ferventes supplications et incline sur ton serviteur la corne d'abondance de la grâce sacerdotale et répands sur lui la puissance de ta bénédiction. Par notre Seigneur Jésus-Christ, ton Fils, qui vit et règne avec toi dans l'unité du Saint-Esprit, Dieu d'éternité en éternité.

V. : Amen

Cons. : Le Seigneur soit avec vous

V. : Et avec ton Esprit.

Cons. : En haut les cœurs !

V. : Nous les avons auprès du Seigneur.

Cons. : Rendons grâce à Dieu, notre Seigneur !

V. : C'est digne et juste.

Cons. : Il est vraiment digne et juste, équitable et salutaire que nous te rendions grâce en tout temps et en tout lieu, Seigneur saint, Père tout-puissant, Dieu éternel, toi qui honores toutes les dignités qui servent ta gloire dans un ordre sacré. O Dieu, tu as enseigné à Moïse, ton serviteur, dans une conversation secrète et confidentielle, lorsque tu lui as montré comment cultiver les choses célestes, tu lui as aussi enseigné le costume et les vêtements du prêtre ; afin que ton élu, Aaron, soit revêtu de vêtements significatifs lors du service divin, pour que les descendants puisent dans l'exemple des ancêtres l'intelligence et la connaissance, et qu'aucun âge ne reste dans l'ignorance de ton enseignement. Alors que chez les anciens, l'apparence des symboles inspirait déjà le respect, nous devrions trouver dans l'expérience réelle des choses une plus grande sécurité que dans leurs images énigmatiques. Le vêtement du sacerdoce de l'Ancien Testament est la parure de notre âme, et la gloire du sacerdoce suprême ne nous est pas tant suggérée par le vêtement d'honneur que par l'éclat de l'âme. Car ce qui attirait alors l'œil humain indiquait plutôt de pénétrer dans le sens intérieur. Tu as choisi, Seigneur, ton serviteur pour la fonction de grand prêtre ; nous te demandons donc la grâce que ce que cette enveloppe suggère dans l'éclat de l'or, dans le scintillement des pierres et dans la beauté colorée de l'art, resplendisse dans sa conduite et dans ses actes.

Remplis pleinement ton prêtre de tout le contenu de son ministère, dote-le de tous les ornements de ton honneur et sanctifie-le par la rosée de ton onction céleste.

L'onction de la tête :

Onction de la tête

Remise de la mitre

Onction des mains

Remise des insignes

Bâton pastoral

L'anneau

Le livre des évangiles

Baiser de paix

Les gants

Conclusion de la consécration.

14.L'HOMME DE DIEU Vie et souffrances de notre Seigneur Jésus-Christ, Maria Valtorta

Jn.14:23 "Si quelqu'un m'aime, il gardera ma parole, et mon Père l'aimera, et nous viendrons à lui et nous ferons notre demeure chez lui. 23 Celui qui ne m'aime pas ne garde pas mes paroles ; et la parole n'est pas de moi, mais du Père qui m'a envoyé. 25 Je vous ai dit ces choses pendant que je demeurais au milieu de vous.

Jn. 14.26 "Mais le Sauveur, le SAINT-ESPRIT, que le Père enverra en mon nom, vous enseignera toutes choses et vous rappellera tout ce que je vous ai dit".

Jean dit clairement que l'Évangile n'est pas parfait et que certaines choses ont été victimes de l'oubli. Le Seigneur dit, Vol. XII, page 285,

"Certains objecteront en lisant cet ouvrage : "Il ne ressort pas de l'Évangile que Jésus ait eu des relations avec les Romains et les Grecs, et nous rejetons ces pages". "Combien de choses ne sont pas contenues dans l'Évangile ou ne sont que suggérées derrière le rideau de silence derrière lequel les évangélistes ont dissimulé des épisodes que leur mentalité hébraïque obstinée ne pouvait approuver. Croyez-vous donc savoir tout ce que j'ai fait ?".

En plus des hébreux, il y avait beaucoup de traducteurs zélés qui faisaient de leur mieux, mais qui ne trouvaient pas toujours les paroles de l'Éternel. Partout, le malin avait aussi ses mains dans la balance. Les évangélistes n'avaient rédigé leurs écrits que de nombreuses années après les événements qu'ils n'avaient pas vécus eux-mêmes, d'après des récits. Ensuite, pendant 2000 ans, ils ont été traduits dans d'autres langues et partiellement modifiés. Beaucoup de choses ont été omises parce qu'elles ne semblaient pas importantes ou qu'elles étaient en contradiction avec les enseignements païens.

Ce qu'il faut penser de ces traductions, vous le voyez déjà à la page 2, malgré un examen minutieux par les théologiens :

Mat. 2.24 Lorsque Joseph se réveilla de son sommeil, il fit ce que l'ange de l'Éternel lui avait ordonné, et il prit sa femme avec lui. 25. Il ne la connut pas jusqu'à ce qu'elle eût enfanté un fils, et il lui donna le nom de Jésus" On doit conclure de ce texte que Marie et Joseph menaient une vie de couple normale.

Une révision des Écritures par l'Éternel s'imposait.

Le Seigneur explique la nécessité de son œuvre, L'HOMME DE DIEU, vol. XII, page 284 :

"La véritable raison pour laquelle cet ouvrage vous a été donné, c'est qu'en ce temps où le modernisme condamné par Pie X dégénère en doctrines de plus en plus dangereuses, je veux mettre entre les mains de la sainte Église, représentée par le pape, quelque chose qui lui permette de mieux combattre ceux qui nient :

-la surnature des dogmes ;

-La divinité du Christ : la vérité de la divinité et de l'humanité réelles et parfaites du Christ, dans la foi comme dans son histoire transmise (Évangiles, Actes des Apôtres, Épîtres des Apôtres, Traditions).

-les enseignements de Paul et de Jean, et des conciles de Nicée, d'Éphèse et de Chalcédoine, comme mon véritable enseignement, qui vient littéralement de moi ;

-ma sagesse illimitée, parce que divine et parfaite ;

-l'origine divine des dogmes, des sacrements de l'Église une, sainte, catholique et apostolique :

-l'universalité et la continuité jusqu'à la fin des temps de l'Évangile que j'ai donné à tous les hommes :

-la nature parfaite, dès le début, de mon enseignement, qui n'a pas évolué par des changements progressifs, mais qui a toujours été ainsi : l'enseignement divin, parfait et immuable du Christ, du temps de la grâce, du royaume des cieux et du royaume de Dieu en vous. La bonne nouvelle pour tous ceux qui ont soif de DIEU" !

C'est ainsi qu'est né, sous la direction du Seigneur, l'Évangile parfait, LE DIVIN de la vie et des souffrances de notre Seigneur Jésus-Christ. Pas une minute n'a été oubliée ou manipulée. Pour la description de ses "films" et de ses dictées, le Seigneur avait besoin d'une secrétaire douée. Satan déteste ce livre.

Le choix s'est porté sur Maria Valtorta, née le 14.3.1897 à Caserta, Italie, décédée le 12.10.1961 à Viareggio. En 1920, elle a subi une agression dont les conséquences l'ont rendue partiellement paralysée et dépendante à partir de 1934.

C'est dans cet état que le Seigneur lui a montré, de 1943 à 1947, son action publique dans des visions, à commencer par les "noces de Canaan" jusqu'à l'"Assomption de Marie". Elle accompagnait le Seigneur en tant que reporter et décrivait ce qu'elle voyait. Maria Valtorta avait la capacité inhabituelle de décrire dans les moindres détails les choses qu'elle voyait dans les visions. Ses visions et ses dictées ont été publiées en douze volumes. Dans 12 000 pages A4 manuscrites, il n'y a pas de correction. Pour les livres de non-fiction, ce n'est pas possible.

Le pape Pie XII a dit : "Publiez cette œuvre telle qu'elle est. Celui qui le lira comprendra".

La secte conciliaire rejette bien sûr l'œuvre du Seigneur, que dit la science ?

Il existe à ce sujet un livre intitulé "L'énigme Valtorta. La vie de Jésus sous forme de roman ?". Cette étude de Jean-François Lavère vient de paraître en allemand. A propos de ce livre de Jean-François Lavère, Peter Menz-Fritsche écrit :

"Entre 1943 et 1947, Maria Valtorta, originaire de Lombardie, a eu des visions sur la vie de Jésus et a mis par écrit ce qu'elle a vu et entendu, à la demande de Jésus. Cette transcription porte en allemand le titre Der Gottmensch. Leben und Leiden unseres Herrn Jesus Christus (Vie et souffrances de notre Seigneur Jésus-Christ) et comprend douze volumes d'environ 400 pages chacun. L'œuvre est aujourd'hui traduite dans une trentaine de langues.

En 2012, une étude scientifique du Français Jean-François Lavère a été publiée sous le titre "L'énigme Valtorta".

Il voulait savoir si les informations contenues dans cette œuvre volumineuse de Maria Valtorta étaient exactes.

En décembre 2015, les éditions Parvis ont publié une traduction allemande de 360 pages de cette enquête, qui n'existait jusqu'à présent qu'en français.

Lavère a vérifié plus de 10000 données issues de différents domaines de connaissances et figurant dans les écrits de Valtorta, et a constaté qu'elles correspondaient pratiquement à 100% à l'état actuel de la recherche. Comment expliquer, par exemple, que la voyante cite d'innombrables lieux et régions par leur nom exact, alors qu'elle n'a jamais été en Palestine et qu'elle n'a pas pu quitter son lit durant les 27 dernières années de sa vie ? Elle mentionne même plusieurs localités qui ne figuraient sur aucune carte à son époque et qui n'ont été fouillées par des archéologues qu'après sa mort. Maria Valtorta a également décrit très précisément le palais de Lazare à Jérusalem, dans lequel Jésus et ses apôtres ont séjourné à plusieurs reprises, et en 1983, soit environ 40 ans plus tard, ce palais a été découvert et mis au jour par des archéologues juifs - et les indications de Valtorta se sont toutes confirmées. Ou encore un autre exemple : En été, il n'était pas rare que Jésus et ses apôtres se déplacent aussi la nuit en raison de la chaleur, et la voyante décrit alors de manière fiable la position et la phase de la lune. Aujourd'hui, ces indications peuvent être calculées pour chacune des nuits de l'époque grâce à un logiciel astronomique, et Lavère a constaté lors de sa vérification que les descriptions correspondaient toutes à ces calculs. Cela a été rendu possible parce que l'ingénieur français Jean Aulagnier avait réussi dès 1989 à créer, à l'aide de l'œuvre de Valtorta, un calendrier dans lequel il a pu placer chaque jour des trois années du ministère public de Jésus.

Lavère a par exemple également vérifié plus de 800 itinéraires que Jésus a parcourus avec sa suite, afin de contrôler si les temps étaient réalistes.

Aucun trajet n'est inapproprié. Des centaines de personnages apparaissent dans l'œuvre L'Homme-Dieu, dont beaucoup sont attestés historiquement. Pas seulement des personnes de tradition juive, mais aussi byzantine ou romaine. Comment Maria Valtorta connaît-elle tous ces noms ?

Et pourquoi la voyante peut-elle expliquer avec autant de compétence l'architecture, parler de la vie des paysans de l'époque ou des coutumes des Juifs, décrire la flore et la faune d'Israël et intégrer dans ses récits, côte à côte, la monnaie des Romains, des Grecs et des Hébreux, etc. Et c'est tout cela que l'auteur Jean-François Lavère tente d'expliquer et de classer de manière scientifique. L'extrême richesse de détails apparemment insignifiants devrait normalement exposer l'auteur Maria Valtorta à de nombreuses imprécisions, erreurs ou contradictions, qui pourraient avoir pour conséquence de tout remettre en question, à juste titre. Mais moins de dix faits considérés comme improbables sur un total de plus de dix mille "données factuelles" vérifiées et confirmées comme exactes, c'est manifestement un taux d'erreur extrêmement bas (près de 100% de justesse), comparé à tout autre ouvrage similaire ! C'est une indication claire de la crédibilité de cet ouvrage. Et avec autant d'exactitude, les paroles enrichissantes et impressionnantes que l'on entend en tant que lecteur de Jésus, de Marie, des apôtres, des disciples et d'autres contemporains dans l'œuvre L'Homme-Dieu deviennent également crédibles. Au début de son étude, J.-F. Lavère analyse d'ailleurs aussi la position de l'Eglise par rapport à l'œuvre L'Homme-Dieu. Vie et Passion de Notre Seigneur Jésus-Christ. Après avoir lu une copie de l'écriture de Maria Valtorta, le pape Pie XII, lors d'une audience privée du 26 février 1948, demanda aux trois représentants de l'Ordre des Serviteurs de Marie (Ordo Servorum Mariae, également appelé Servites) et à d'autres témoins dont les noms sont connus de publier l'œuvre ; Maria Valtorta appartenait au Tiers-Ordre des Servites.

Les résultats des recherches de J.-F Lavère sont impressionnants. Maria Valtorta a rapporté ses visions et a écrit les paroles que le Seigneur lui a dictées. C'est ainsi qu'est né l'ouvrage. "L'HOMME-DIEU" Maria Valtorta ne décrivait que ce qu'elle voyait et ce qui lui était dicté. Les cahiers de ses transcriptions en témoignent également. Il n'y a pratiquement pas d'améliorations ni de modifications.

Cette œuvre est un grand miracle de notre Seigneur, qui pourrait nous faire grandir. Chaque chrétien devrait absolument le lire. Les critiques peuvent expliquer comment une personne malade peut rassembler toutes ces informations dans son lit.

De nombreux théologiens et prêtres refusent de simplement prendre ces livres en main. Ils sont "protégés" par les démons pour connaître la miséricorde du Seigneur.

Ces livres entraînent une transformation fondamentale des lecteurs lorsqu'ils font l'expérience de l'amour que le Seigneur a manifesté chaque jour aux hommes. Il serait conseillé d'obliger chaque candidat à la prêtrise à lire cet ouvrage au début de ses études. Cela constituerait une bonne base pour sa vie professionnelle.

Le livre, L'HOMME DE DIEU, est l'Évangile parfait du Seigneur. Chaque croyant devrait l'avoir chez lui. L'Éternel nous a donné son Évangile avant que Satan ne prenne la direction du Vatican. Jusqu'à aujourd'hui, il n'existe aucun argument valable contre la paternité de l'Éternel.

L'enseignement du Seigneur s'est achevé à sa mort. Les apôtres n'avaient pas pour mission de compléter cet enseignement. Il est évident que cet enseignement a été modifié par Satan et ses acolytes au cours des 2000 dernières années. Jean 14.26. Satan et son assistant souhaitent bien sûr que leurs manipulations soient conservées. Ils n'y parviendront pas.

15. le péché originel

Le livre de Moïse (Genèse) raconte la création de la terre. DIEU créa Adam et Eve à son image. L'image de DIEU, devait se distinguer du monde animal. Adam devint le maître du monde, les éléments devaient lui obéir, Eve fut créée pour être son assistante. L'Éternel Dieu donna cet ordre à l'homme : "Tu pourras manger de tous les arbres du jardin, mais tu ne mangeras pas de l'arbre de la connaissance du bien et du mal ; car le jour où tu en mangeras, tu mourras". Gn. 2:16-17 :

Elle prit du fruit et en mangea ; elle en donna aussi à son mari, qui était avec elle, et il en mangea. Gn.3.5

En guise de punition, Dieu plaça Adam et Ève au niveau des animaux et ils durent mourir, comme ils en avaient été menacés.

Mais à la femme, il dit : "Tu auras beaucoup de peine par la grossesse ; tu enfanteras avec douleur, et pourtant tu désireras ton mari ; et il sera ton maître".

Et à l'homme (Adam) il dit : "Parce que tu as obéi à ta femme et que tu as mangé de l'arbre dont je t'avais défendu de manger, - maudit soit le champ à cause de toi ! - tu t'en nourriras péniblement toute ta vie ; il te portera des épines et des chardons, et tu mangeras l'herbe des champs. C'est à la sueur de ton visage que tu mangeras ton pain, jusqu'à ce que tu retournes au champ d'où tu as été pris ; car tu es poussière, et c'est à la poussière que tu retourneras". Gn.3 15-19

DIEU qualifie Adam d'"homme" et Eve de "femme" et d'assistante. C'est ce qui est écrit dans la Genèse, au sujet de la chute de l'homme. Il n'est fait état que des commandements et des châtiments ; pas un mot sur les raisons de ce commandement. Dieu n'a malheureusement pas parlé sur un support audio. Il devait se fier aux narrateurs, et ils étaient nombreux.

Avec les évangélistes, c'était pareil. Les évangélistes ont raconté ce qu'ils avaient entendu. Selon les scientifiques, le premier évangile de Matthieu aurait été écrit entre les années 80 et 90 de notre ère. L'apôtre Matthieu, le publicain, ne pouvait pas être l'évangéliste. Matthieu était un peu plus âgé que le Christ, il aurait eu environ 82 ans en 80 après J.-C.. A cette époque, il avait probablement été exécuté depuis longtemps. A l'exception de Jean, tous les apôtres ont été exécutés quelque part. Il n'existe donc pas de connaissance parfaite et sûre des apôtres ni de l'enseignement de l'Éternel. L'Éternel le savait. Il connaissait l'oubli et le manque de fiabilité des hommes, ainsi que les machinations de Satan, lorsqu'il a parlé :

Jean : 14.26 "Mais le consolateur, le Saint-Esprit, que mon Père enverra en mon nom, vous enseignera toutes choses, et vous rappellera tout ce que je vous ai dit".

Entre 1943 et 1947, le Seigneur a raconté à Maria Valtorta, par des visions et des dictées, sa parenté, le péché originel, sa naissance et son enfance, sa vie publique, son enseignement et son œuvre de rédemption. Il n'y a pas d'argument valable pour dire que ce livre n'a pas été créé par l'Éternel. Une mise au point des écrits était attendue depuis longtemps.

Nous en sommes encore à la chute de l'homme et nous voulons voir ce que le Seigneur a dit à Adam et Eve dans son livre, L'HOMME DE DIEU, tome I, page 100 :

"Vous connaissez toutes les lois et tous les secrets de la création. Mais ne me contestez pas le droit d'être le créateur de l'homme. Pour que le genre humain se reproduise, mon amour qui vit en vous suffit. Sans désir sensuel et plutôt par le battement du cœur de l'amour, il donnera vie à de nouveaux Adam du genre humain. Je vous donne tout. Seulement ce secret de la création de l'homme, je me le réserve".

Satan a voulu priver l'homme de cette virginité de l'intelligence et a caressé de ses langues de serpent les membres et les yeux d'Eve, éveillant en elle des pensées et des sensations qu'elle ne connaissait pas auparavant, parce que la méchanceté ne l'avait pas encore empoisonnée.

"Elle vit" et, voyant, elle voulut essayer. La chair avait été éveillée. Oh, si seulement elle avait invoqué Dieu ! Si elle s'était précipitée pour dire : "Père, je suis malade. Le serpent m'a flattée et je suis troublée".

Le Père l'aurait purifiée et guérie d'un seul souffle, comme il lui avait insufflé la vie. Ainsi, il aurait pu lui insuffler à nouveau la pureté et lui faire oublier le venin du serpent ; voire lui inspirer une aversion pour le serpent, semblable à la répulsion instinctive que ressentent pour le même mal ceux qui ont été atteints d'une maladie et guéris.

Mais Eve ne va pas vers le père. Eve retourne vers le serpent. La sensation lui plaît : "Voyant que le fruit de l'arbre était bon à manger et qu'il paraissait beau et agréable à l'œil, elle le prit et en mangea".

Et "elle comprit", maintenant la méchanceté était dans ses entrailles pour appliquer sa morsure. Eve a vu avec de nouveaux yeux et entendu avec de nouvelles oreilles, les habitudes et les voix des animaux ; elle a convoité avec un désir démesuré. Elle a commencé seule par le péché. Elle l'a achevé avec son compagnon. C'est donc sur la femme que pèse la plus grande culpabilité.

C'est à cause d'elle que l'homme s'est rebellé contre Dieu et qu'il a connu la fornication et la mort. C'est à cause d'elle qu'il n'a plus su maîtriser les trois royaumes :

Celui de l'esprit, car il a laissé l'esprit se révolter contre Dieu ;

celui de la conduite morale, parce qu'il a permis aux passions de le dominer ;

celle de la chair, parce qu'il l'a rabaissée aux lois instinctives des animaux déraisonnables".

Adam et Eve ont dérobé au Père le secret de la création de l'homme. C'était le péché originel.

Le venin du serpent agit encore aujourd'hui dans tous les êtres humains. Seul Dieu peut nous purifier et nous guérir, par une grâce particulière.

Certains profitent du poison comme d'une drogue et le cultivent dans de multiples perversions, d'autres demandent au Père tout-puissant de rendre le poison inoffensif en nous.

Malgré le péché originel, les hommes ont pu conserver quelque chose de divin : C'est le libre arbitre. Le libre arbitre nous conduit, selon nos pensées et nos œuvres, au paradis ou en enfer. Celui qui, tout au long de sa vie, ne témoigne pas à DIEU le respect et l'amour qu'il mérite, n'a pas orienté sa volonté vers le ciel.

DIEU a voulu provoquer la descendance, par son amour qui vit en nous. Par une grâce particulière, la Mère de Dieu est née sans dette héréditaire. Sans désir sensuel, mais avec le battement de cœur de l'amour de DIEU. Jésus, le fils de DIEU, est né sous le cœur de Marie. Maître des éléments, comme Adam et Eve autrefois, il a pu entrer dans le monde sans blesser sa mère.

C'est dans un désir démesuré qu'Adam et Eve ont engendré leur fils Caïn. La naissance a lieu dans une douleur sans mesure. Adam et Eve avaient perdu la maîtrise des éléments (naissance sans douleur) ; Caïn est devenu le meurtrier de son frère.

16. Catholique- SOS, conclusion

Tout d'abord, la situation juridique :

SAINT. CONGRÉGATION POUR LA FOI Déclaration* En date du 19 juillet 1974, cette Congrégation a écrit à certaines conférences épiscopales une lettre concernant l'interprétation du c. 2335 CIC, qui interdit aux catholiques, sous peine d'excommunication, d'entrer dans des organisations maçonniques et similaires. Cette lettre ayant donné lieu à des interprétations erronées et tendancieuses dans le public, cette Congrégation, sans préjuger d'éventuelles dispositions du nouveau Code, confirme et déclare ce qui suit :

1. la pratique actuelle du droit canonique n'a été modifiée en aucune manière et reste pleinement en vigueur.

2) En conséquence, ni l'excommunication ni les autres peines prévues n'ont été abolies.

3) Dans la mesure où il est question dans cette lettre d'interprétations sur la manière dont le canon en question doit être compris dans l'esprit de la Congrégation, il s'agit seulement d'une référence aux principes généraux d'interprétation des lois pénales pour la résolution de cas particuliers personnels, qui peuvent être laissés au jugement des Ordinaires. En revanche, il n'était pas dans l'intention de la Congrégation de laisser aux Conférences épiscopales le soin d'émettre publiquement un jugement de caractère général qui pourrait impliquer des atténuations des normes susmentionnées.

Rome, au siège de la Congrégation pour la Doctrine de la Foi, le 17 février 1981.

FRANJO Cardinal ŠEPER Préfet

Après le pape Clément XII, en 1738, il y eut 19 autres actes et déclarations pontificaux de l'Église catholique contre la franc-maçonnerie et les sociétés secrètes. Les interdictions de l'Église étaient claires. Le non-respect de ces interdictions, était et est toujours un complot contre l'Église et a conduit à l'excommunication des traîtres. Les actifs, en raison de leur activité, et les passifs, en raison de leur silence.

La mort du pape Pie XII, le 9 octobre 1958, a entraîné la vacance du Saint-Siège, qui existe encore aujourd'hui, avec toutes ses conséquences en matière de droit canonique. Le pouvoir de juridiction, qui relève uniquement du pape, est suspendu.

Les 33 ordres du Grand Maître aux évêques francs-maçons et leur exécution, ont conduit à la formation de la secte conciliaire. La nouvelle ordination épiscopale de la secte conciliaire a conduit à la dissolution du sacerdoce. La secte conciliaire n'est pas dans la succession de Pierre. Le bannissement du catéchisme des églises et des écoles n'est pas resté sans conséquences. Avec l'introduction du Novus Ordo Missae, la secte conciliaire a créé son propre rite. La messe d'offrande fut interdite. En exécutant chaque ordre des francs-maçons, la secte conciliaire renforçait ses doctrines hérétiques. Quiconque pactisait avec les francs-maçons, c'est-à-dire l'ensemble des autorités ecclésiastiques, était excommunié en vertu du canon 2335 et s'attirait en même temps la malédiction des papes.

L'Église catholique continue d'exister, invisible et cachée, sans pape. La secte conciliaire est visible à Rome. Une secte dominée par la Loge, sans prêtre, sans sacrements. La campagne d'extermination des francs-maçons a été jusqu'à présent un succès total. Nous nous souvenons de la vision du pape Léon XIII :

"Dès que le temps et le pouvoir seront terminés, le diable subira une grande défaite". Et la Vierge a dit : "A la fin, mon Cœur Immaculé triomphera et le Saint-Père me consacrera la Russie. Du Seigneur, nous savons que "les portes de l'enfer ne prévaudront pas contre elle (l'Église)".

Le Christ dit à Judas le traître : "Mais je te le dis, tout homme peut pécher, car Dieu seul est parfait. Mais l'homme peut aussi se repentir. Et s'il se repent, sa force d'âme grandit, et Dieu augmente sa grâce à cause du repentir. Le Dieu tout-puissant n'a-t-il pas aussi pardonné à David?".

Ces paroles s'adressent à tous les évêques et prêtres excommuniés.

Vous pouvez vérifier votre relation avec l'Éternel en lisant le serment de couronnement des papes, qui a été détourné. L'Église conquise par Satan doit être rendue au Seigneur. Purifiée, bien sûr, de toutes les hérésies et modifications blasphématoires. Les 33 ordres du Grand Maître doivent être transformés en interdictions. Une restitution n'est possible que dans l'ordre tridentin. Il serait présomptueux de donner des conseils sur la manière d'atteindre cet objectif. L'Éternel guidera les prêtres et les évêques repentants. La question est de savoir s'il y a des évêques et des prêtres repentants qui veulent se dresser contre les ennemis de l'Église ? Mais si les évêques sont d'avis que "l'on ne peut rien faire", le Seigneur prendra probablement le problème en main et le résoudra par un jugement pénal. Les évêques ont encore le temps de se repentir.

La bienheureuse Elisabeth Canori Mora, a vu dans ses visions comment la suksession voulue par Dieu serait

rétablie.   (Theresia-Verlag   "DIE   VISIONÄRIN
ROMMS", ISBN, 3-908542-45-6)

La vision de Pierre : Saint Pierre met de l'ordre.

Alors qu'Elisabeth était intimement unie à Dieu, elle vit le
ciel s'ouvrir. Le glorieux prince des apôtres, Pierre, vêtu
de magnifiques vêtements pontificaux, le bâton pastoral à
la main, descendit sur terre. Il était accompagné d'une
foule d'anges qui chantaient en son honneur l'antienne :
"Constitues eos principes". Elle le vit se diriger vers les
quatre régions du monde. Sur chacune d'elles, il traça une
croix avec son bâton de berger. Là s'éleva un grand arbre
mystérieux en forme de croix, avec des branches solides et
des fruits précieux. Il rassembla alors tous les fidèles
fidèles aux lois de Jésus et les abrita sous l'ombre des
quatre arbres qui symbolisaient l'Église et les mérites de
Jésus. Puis il ouvrit les portes de tous les monastères
d'hommes et de femmes, en séparant, comme dans le
clergé séculier, les fidèles de ceux qui "se livraient aux
faux principes de la philosophie".

Ceux qui se maintenaient dans l'esprit et l'amour de Jésus,
elle les voyait conduits sous l'image d'agneaux blancs à
l'ombre d'arbres mystérieux. Les autres restaient au milieu
du monde, exposés aux terribles jugements que Dieu
voulait envoyer sur l'humanité corrompue. Après que le
petit troupeau d'élus eut été conduit sous l'ombre
mystérieuse, saint Pierre remonta au ciel avec les anges.
Le firmament se couvrit alors de nuages noirs. Un terrible
ouragan s'éleva et, dans une grande confusion, les animaux
et les hommes s'entretuèrent. Pour punir les orgueilleux

qui, dans leur orgueil impie, voulaient détruire l'Église de Dieu jusque dans ses fondements, Dieu permit aux puissances des ténèbres de quitter les abîmes de l'enfer. Une légion de démons parcourut la terre, détruisant, en tant que serviteurs de la justice divine, des maisons et des palais, anéantissant des villages, des villes, voire des provinces entières, et tuant de manière atroce une multitude de personnes rebelles. La servante de Dieu vit sortir de la bouche de l'abîme infernal tous ces monstres aux formes les plus hideuses, qui rasèrent tous les lieux où Dieu avait été gravement offensé et où des sacrilèges avaient été commis. Il ne restait plus aucune trace d'eux.

Tout à coup, le ciel s'éclaircit. Saint Pierre descendit à nouveau sur terre devant une foule d'anges qui chantaient des louanges et s'installa sur un trône magnifique, tandis que les anges le reconnaissaient comme le prince de la terre. C'est avec presque autant de gloire et de majesté que l'apôtre des nations Paul est descendu sur terre, doté d'une grande puissance divine, et a contraint tous ces mauvais esprits à retourner dans l'abîme infernal. Comme un signe avant-coureur de la grande réconciliation entre Dieu et les hommes, une lumière glorieuse illumina et réjouit la terre. Les saints anges conduisirent le petit troupeau de Jésus-Christ, qui s'était rassemblé sous l'ombre des arbres mystérieux et s'était rassemblé autour de l'étendard de l'Église catholique, devant le trône du prince des apôtres. Ils témoignèrent leur respect à l'apôtre, louèrent Dieu et le remercièrent d'avoir gouverné et maintenu l'Église, et de ne pas avoir admis qu'elle était tombée dans les faux principes du monde. Le saint élut le nouveau pape. Toute l'Église fut réorganisée selon les préceptes du saint Évangile, les ordres spirituels renouvelés et les familles chrétiennes transformées en autant de petites communautés religieuses "tant était grand le zèle pour la gloire de Dieu. L'Église catholique était respectée par tous et honorée par tous, et le pape était reconnu comme le vicaire du Christ" C'est ainsi que se terminait cette vision.

Que pouvons-nous apprendre de cette vision de la bienheureuse Elisabeth ? Tout d'abord, cette vision est une confirmation de l'état actuel de l'Église. Nous ne devons pas considérer cette Eglise comme voulue par Dieu, mais nous devons la qualifier d'"Eglise de fabrication d'hommes" hérétique ou de secte conciliaire et ne pas y entrer. Celui qui veut être fidèle au Seigneur doit vérifier où, dans les environs, le rite institué par le pape Pie V est célébré par un prêtre "sédisvacantiste".

Que les parents accueillent la suggestion de former, à partir des familles, une petite communauté religieuse. Fondement : obéissance, renoncement et prière. Les enfants doivent savoir que lorsqu'ils offrent à Dieu l'obéissance et le renoncement, il les accepte volontiers comme prière, car toute pensée adressée à Dieu est une prière. Les enfants comprendront tout cela et pour les parents, ce sera une grande grâce et une grande tranquillité. Toute exagération doit être évitée ici.

17. le sermon du Seigneur à Hippos (L'HOMME DE DIEU, volume VII) :

J'ai entendu dire : "Nous voudrions tous être tes disciples pour t'annoncer". A tous, je réponds : "Certes, vous le pouvez. Mais ceux qui viennent à vous, timides et honteux, avec leurs vêtements déchirés et leurs visages défaits, sont ceux qui attendent la Bonne Nouvelle, qui est spécialement pour les pauvres, afin qu'une consolation surnaturelle leur soit donnée, dans l'espoir d'une vie glorieuse après la triste réalité de cette vie terrestre. Vous pouvez mettre en pratique mon enseignement avec peu d'effort matériel ; mais votre effort spirituel n'en est que plus grand : car les richesses sont un danger pour la sainteté et la justice. Vous, au contraire, vous ne pouvez le faire qu'en vous imposant des fatigues de toutes sortes. Le pain maigre, le vêtement insuffisant et le manque d'abri, les poussent à se demander : "Comment puis-je croire que Dieu est mon père si je n'ai même pas ce que possède l'oiseau dans les airs ?" Comment les difficultés du prochain peuvent-elles leur faire croire qu'il faut s'aimer comme des frères ? Vous avez le devoir de leur donner la certitude que Dieu est un père et que vous êtes frères, avec votre amour actif. La Providence existe et vous êtes ses administrateurs, vous, les riches du monde. Vous êtes ses instruments ; considérez cela comme le plus grand honneur que Dieu vous fait et comme le seul moyen de sanctifier les richesses périlleuses.

Agissez comme si vous me voyiez moi-même dans chacun d'eux ici. Je suis en eux. J'ai voulu être pauvre et persécuté pour être comme eux, et afin que le souvenir du pauvre

Christ persécuté jette dans les siècles à venir une lumière surnaturelle sur les pauvres et les persécutés comme le Christ, et que les hommes me reconnaissent et m'aiment en eux. Je suis dans le mendiant dont vous apaisez la faim et la soif. Je suis dans l'orphelin accueilli par amour, dans le cercle, dans la veuve que vous aidez, dans l'étranger que vous accueillez, dans le malade que vous soignez. Je suis dans l'affligé qui est consolé, dans le douteux qui est rassuré, dans l'ignorant qui est instruit. Je suis partout où quelqu'un reçoit de l'amour. Et tout ce que vous avez fait à un frère pauvre spirituellement ou matériellement, c'est à moi que vous l'avez fait. Car je suis le pauvre, l'affligé, l'homme de douleur, et c'est à moi que revient la richesse. Donner la joie et la vie surnaturelle à tous les hommes qui souvent ne le savent pas, et pourtant il en est ainsi ; ne sont riches qu'en apparence et comblés par de fausses joies, mais en réalité pauvres en vraies richesses et en vraie joie ; car la grâce leur manque à cause de la faute originelle qui les en prive. Vous le savez : sans la rédemption, il n'y a pas de grâce ; sans la grâce, il n'y a pas de vraie joie ni de vraie vie.

Pour vous apporter la grâce et la vie, je n'ai pas voulu venir au monde comme un roi ou un puissant, mais pauvre, bas, humble ; car les couronnes, le trône et le pouvoir ne signifient rien pour celui qui vient du ciel pour conduire au ciel, tandis que tout dépend de l'exemple qu'un vrai maître doit donner pour donner de la force à son enseignement. Car les pauvres et les malheureux sont plus nombreux que les puissants et les heureux, et la bonté signifie la miséricorde.

C'est pour cela que je suis venu et que le Seigneur a envoyé son oint ; pour annoncer la Bonne Nouvelle aux doux et guérir ceux qui ont le cœur brisé ; pour proclamer la liberté aux esclaves et la liberté aux prisonniers ; pour consoler ceux qui pleurent et donner leur diadème, le vêtement de la justice, aux fils de Dieu qui le restent dans la joie et dans la peine, et pour transformer les arbres sauvages en jardin du Seigneur, en ses champions et en sa gloire. Je suis tout pour tous et je veux que tous soient réunis avec moi dans le royaume des cieux. Il est ouvert à tous ceux qui savent vivre de manière juste. Mais la responsabilité réside dans l'observation de la loi et dans la pratique de l'amour. On n'accède pas à ce royaume par les richesses terrestres, mais par l'héroïsme de la sainteté. Si quelqu'un veut y entrer, qu'il me suive et fasse ce que je fais : qu'il aime Dieu par-dessus tout et son prochain comme je l'aime ; qu'il ne blasphème pas contre le Seigneur, qu'il sanctifie ses fêtes, qu'il honore ses parents, qu'il n'élève pas la main contre son égal, qu'il ne commette pas d'adultère, qu'il ne dépouille en aucune façon son prochain, qu'il ne porte pas de faux témoignage, qu'il ne convoite pas ce qu'il n'a pas et que d'autres ont, mais qu'il se contente plutôt de son sort, se souvenant toujours qu'il ne s'agit que de choses passagères et qu'elles sont un moyen d'obtenir un sort meilleur et éternel ; qu'il aime les pauvres, les affligés, les plus petits de la terre, les veuves et les orphelins, et qu'il ne pratique pas l'usure. Quiconque fait cela, quelle que soit sa nation, sa langue, sa position ou sa classe sociale, entrera dans le royaume de Dieu, dont je vous ouvre les portes.

Venez à moi, vous tous qui êtes de bonne volonté. Ne soyez pas effrayés par ce que vous êtes ou avez été. Je suis l'eau qui lave le passé et qui fortifie pour l'avenir. Venez à moi, vous qui êtes pauvres en sagesse, la sagesse est dans mes paroles. Venez à moi, menez une nouvelle vie avec d'autres principes. Ne craignez pas d'être ignorants ou incapables. Mon enseignement est facile et mon joug n'est pas lourd. Je suis le Rabbi qui donne sans exiger d'autre récompense que votre amour. Si vous m'aimez, mon enseignement vous sera également cher, et vous aimerez votre prochain et obtiendrez la vie éternelle et le royaume des cieux. Vous les riches, libérez-vous de votre soif de richesses, et gagnez avec elles le royaume éternel par toutes les œuvres de charité miséricordieuse. Vous les pauvres, ne soyez pas si abattus et venez sur le chemin de votre roi. Avec Isaïe, je vous dis : "Vous qui avez soif, venez à la source, et vous aussi qui n'avez pas d'argent, venez acheter. Avec l'amour, vous achèterez ce qui est amour, ce qui est nourriture impérissable, qui rassasie et fortifie véritablement.

Je m'en vais maintenant, hommes et femmes de joie, riches et pauvres d'Hippos. Je pars pour accomplir la volonté de Dieu. Mais je veux être moins affligé à mon départ qu'à mon arrivée. Votre promesse est que mon affliction sera soulagée. Pour votre propre bien, vous les riches, pour le bien de cette ville qui est la vôtre, promettez-moi à l'avenir d'être miséricordieux envers les plus petits d'entre vous. Tout est si beau ici. Mais de même que les nuages noirs d'orage donnent un aspect effrayant même à la plus belle ville, de même votre dureté de cœur couvre comme une ombre sombre toute beauté. Débarrassez-vous-en et vous serez bénis. Souvenez-vous : Dieu a promis de ne pas détruire Sodome s'il s'y trouvait 10 justes. Vous ne connaissez pas l'avenir.

Moi, je le connais, et je vous le dis en vérité : il apporte des châtiments plus nombreux et plus lourds qu'une nuée estivale de grêlons. Sauvez votre ville par votre droiture. Le ferez-vous ?"

"Nous le ferons, Seigneur, en ton nom. Parle-nous ! Continue à nous parler ! Nous avons été durs et pécheurs. Mais tu nous sauves. Tu es le Sauveur. Continue à nous parler".

"Je serai avec vous jusqu'au soir. Mais je vous parlerai par mes œuvres. Maintenant que le soleil devient chaud, rentrez tous dans vos maisons et réfléchissez à mes paroles".

"Et toi, où vas-tu, Seigneur ? Vers moi ! Vers moi !" Tous les riches d'Hippos veulent l'avoir avec eux, et ils se disputent presque, car chacun défendait sa raison pour laquelle Jésus devait entrer chez lui.

Jésus lève la main et impose le silence. Il a du mal à l'obtenir. Puis il dit : "Je reste avec ceux-là", en désignant les pauvres qui se sont entassés en marge de la foule et qui le regardent avec les yeux de ceux qui ont toujours été méprisés et qui se sentent maintenant aimés. Jésus répète< : "Je reste avec eux pour les consoler et partager le pain avec eux. Pour leur donner un avant-goût du bonheur du royaume où le roi s'assiéra au milieu de ses sujets pour un repas d'amour. Et maintenant que leur foi est écrite sur leurs visages et dans leurs cœurs, je leur dis. Qu'il vous soit accordé ce que vous demandez dans vos cœurs, et que votre corps et votre âme poussent des cris de joie dans le premier salut que le Sauveur vous donne".

18. l'Apocalypse secrète de Jean, Apocalypse 13, 16-18 La bête de la mer

Elle parvient à ce que tous, petits et grands, riches et pauvres, libres et esclaves, se fassent un signe de mouture sur la main droite ou sur le front. Sans que personne ne puisse acheter ni vendre s'il n'a pas le signe de la mouture, le nom de l'animal ou le chiffre de son nom.

Ici, la sagesse est nécessaire. Quiconque a de l'intelligence calcule le nombre de la bête. Et le nombre est 666.

19. quelle est la mission des catholiques aujourd'hui ?

Mat. 28 : 19-20 "Allez donc enseigner toutes les nations, les baptisant au nom du Père, du Fils et du Saint-Esprit, et leur apprenant à observer tout ce que je vous ai prescrit. Et voici que je suis avec vous tous les jours jusqu'à la fin du monde".

Cet ordre de l'Éternel ne changera jamais, il est valable aujourd'hui encore, pour les temps sans prêtres. Le temps est en grande partie sans prêtre, mais pas sans direction, car l'Éternel est avec nous tous les jours jusqu'à la fin du monde. Là où deux ou trois sont réunis en mon nom, je suis au milieu d'eux. Mt.18:20

Vivons conscients de la présence de Dieu et renforçons nos prières quotidiennes, auxquelles nous devrions également inviter les saints anges. Offrons sans cesse au Père céleste le Sang précieux en expiation de nos péchés et de ceux du monde entier.

En cette période sans prêtres, l'obéissance, le renoncement et la prière doivent être vécus. Et exactement dans cet ordre. Vivre l'obéissance et le renoncement par amour pour Dieu, c'est la prière. Les parents ne peuvent exiger cela de leurs enfants que s'ils le pratiquent eux-mêmes. Cet objectif ne peut être atteint que par un enseignement uniforme. Le Seigneur nous a donné la doctrine uniforme, avec l'enseignement non falsifié, de la Sainte Église et, pour nous rafraîchir la mémoire, son livre, L'HOMME DE DIEU.

L'Éternel. Est l'auteur de L'HOMME-DIEU. Celui qui rejette ses paroles rejette l'Éternel. Cela vaut jusqu'à ce qu'une preuve solide soit apportée contre sa paternité.

L'exigence de la secte conciliaire, l'unité dans la diversité, est satanique. Il n'y a pas d'unité entre la lumière et les ténèbres, entre le ciel et l'enfer.